JN119379

ダウン症神話から自由になれば子育てをもっと楽しめる

（臨床遺伝専門医） 長谷川知子 著

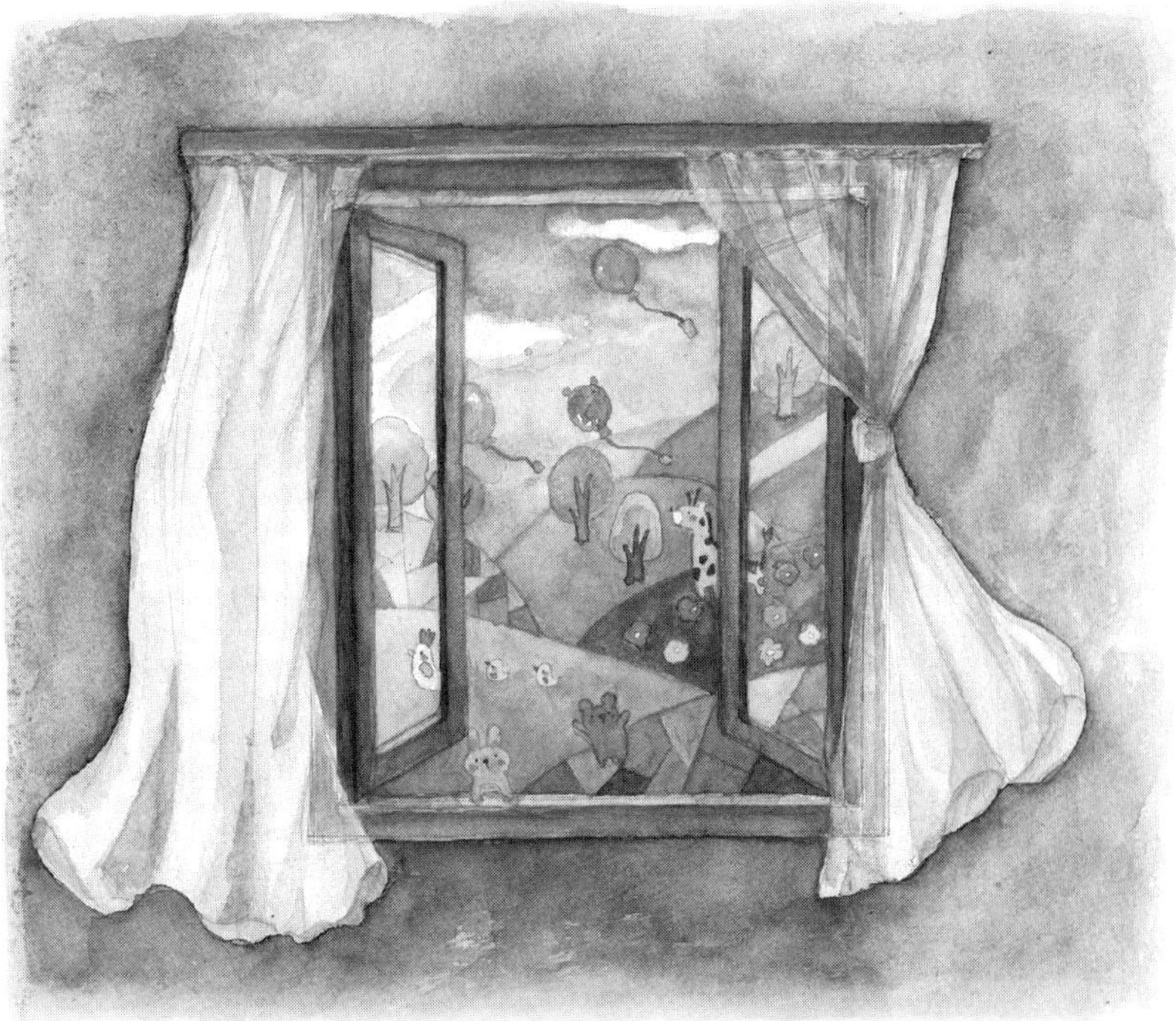

遠見書房

はじめに

ダウン症神話って？

みなさんは「神話」からどんなイメージがうかびますか。日本やギリシャの神話など、おもしろくてふしぎな、ワクワクするお話でしょうか。でも神話には、ほかの意味もあるのです。

たとえば「神経神話」。これはＯＥＣＤ（経済協力開発機構）が名づけ、日本神経科学学会でも警鐘を鳴らしている右脳左脳論のような、「科学を装った根拠のない思いこみ（固定観念）」を言います。

それにならって、ダウン症をめぐる根拠のない思いこみを「ダウン症神話」と呼んでみました。

「ダウン症は障がいだ」と言われますが、ダウン症のあるご当人は、だれかに教えられなければ、自分が障がい者で特別だなんて思っていないのです。知りあいのお嬢さんは「私は障がい者なんかじゃない。ただ、できないことがあるだけ」と言っていました。生まれつきですから、それが「ふつう」なのです。生まれつき目の見えない人も、耳が聞こえない人も、手指の数が異なる人も同じです。ドイツの支援団体がつくったダウン症について本人たちが解説するＤＶＤでは、ダウン症のある青年が「ほかの人たちは21番染色体を一本少なくもっています」と語っていました。私は「なるほど。私たちはたしかに一本足りない」

と、いたく感心しました。

私は半世紀近く、ダウン症のある人たちと一万人近くおつきあいしてきました。さまざまな場所で、生まれる前から高年齢まで。広く深くつきあうことで、「ダウン症だからという根拠のない思いこみが蔓延して、ご本人が苦しんでいる」ことに気づきました。これが「ダウン症神話」なのです。

ダウン症は1866年に初めてイギリスのジョン・ランドン・ダウン医師によって報告されました。その時についた名前はモンゴリズム（蒙古症）でしたが、これは日本人も含んだ東アジアの人種という意味で、当時はやっていた、「ヨーロッパ系の人種が退行現象をおこして東アジア人種になった」という人種差別的な考えからきたものです。それは問題だと、日本の人類遺伝学者、松永英先生たちが、最初の発表者ダウン医師の名前をいただき「ダウン症候群」としたのです。欧米ではいまでもモンゴとか言う人がいます。日本に来たアフリカの役人が、日本人はダウン症候群の遺伝子を持っているのかと聞いてきました。もちろん訂正しました。ダウンは嫌だからアップに、という声もありますが、それはダウンさんに失礼ですね。

言葉一つでとやこう言う必要はない、言葉狩りだ、という意見もあります。でも、北原白秋はこういう詩を書いています。

ひとつのことばで　けんかして
ひとつのことばで　なかなおり
ひとつのことばで　頭が下がり
ひとつのことばで　心が痛む

ひとつのことばで　楽しく笑い
ひとつのことばで　泣かされる
ひとつのことばは　それぞれに
ひとつの心を　持っている
きれいなことばは　きれいな心
やさしいことばは　やさしい心
ひとつのことばを　大切に
ひとつのことばを　美しく

人が無意識に発する言葉は、その人の本心のあらわれなのです（認知療法での「自動思考」）。思っていない言葉が自然に出ることはないからです。

わが子にダウン症の診断がなされると、ダウン症のことで頭が一杯になるでしょう。これは、関心あることだけに注目する「人間特有の考え方の癖」なのです。障がいだけに目が行ってしまうと、外に広い世界があることが頭から抜けてしまいます。親ごさんは、わが子が自分と同じ人間であることを忘れ、立派な子を産んだことを忘れてしまう。そうすると、親ごさんの自尊心はおとしめられ、悪影響が多方面におよぼされます。こうして差別が社会のなかでつくられていくのです。

どうやら人は「違い」のほうに目がいくようです。しかし違いだけに目をやったら、違いだけが育つので、人間から離れた「障がい児」になってしまうでしょう。

私も偏見・差別をいろいろ経験しています。そのとき、思いやり意見を口にださなければ、気づかれるこ

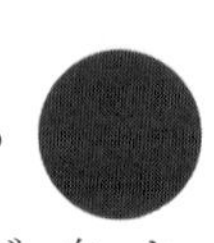

とはないでしょう。私もそうですが、人間だれにも偏見はあります。自分の偏見には気づきにくいので、自覚して消していかないと無意識のまま大きくなります。「自分は偏見がない」と思う人は気づいていないだけなのです。

私は、大学を卒業してまもなくドイツに行き、医師として働きながら、ヨーロッパを旅行しました。そこでヨーロッパの人々がアジア人にいだく差別心や、共通点より相違点にばかり注目されることに気づき、考えさせられました。新型コロナウイルス感染でのアジア人差別も、前から心に巣くっていた差別感情が噴きだしたのでしょう。

両親は男女の差別なく育ててくれましたが、大学（医学部）では「女はどうせ……」と言われ続けました。これは昔話でなく今も消えていないようです。でも、個性や能力だけで評価してくださった先生方はおられ、今も励みになっています。

この本では「ダウン症」と書いていますが、医学用語は「ダウン症候群」、遺伝学では21トリソミーです。ただし「ダウン症」という言葉はダウン症候群の略語にとどまらず、医学を越えた総合的な意味でつかわれているようです。そのため、この本ではダウン症候群とダウン症を書きわけました。

なお、先天異常学の分野では、専門用語「症候群」は病気をさすものではないのです。原因がわかっていても発現の過程がわからないと症候群になります。医学のほかの分野では、原因不明なものが症候群になるので、ややこしくなりますが。

不快にひびく「異常」という言葉も医学用語では、ある特性が人口の5％未満の頻度で、生命や生活になんらかの支障をきたすときにつかわれます。ですから、赤緑色覚特性（色盲）は男性で5％を越えているので異常にはならないのです。

この本では「ダウン症者」「ダウン症児」という言葉はレッテル貼りにもなるのでつかわず、「ダウン症のある人」としています（ＷＨＯも注意しています）。長すぎるときは省略して「ダウン症の人」と書いています。

専門用語には定義があります。定義を知らないと誤った解釈になってしまいます。

今は医療でもできるだけ日常生活の言葉で書かれます。ただし専門用語が上で日常の言葉が下なのではありません。誰もが共有できるのが日常の言葉なのです。つまり日常の言葉は標準語で、専門用語は専門域の方言みたいなものです。

「ダウン症を診ているのですか」とよく聞かれますが、いえいえ私は「ダウン症のある人を一人ひとりみています。「みる」には、見る、観る、診る、看るなどの意味がありますが、私のしていることは「見る、観る、診る」です。看るは看護師さんが専門ですね。

ダウン症の人以外にも、私はプラダー・ウィリー症候群などさまざまな生まれつき（先天性）の特性や難病のある方々をみています。それも生まれる前から高齢まで。また、病院だけでは一面しかわからないので、生活全体を知るため、一緒に食事したり、お茶したり、合宿などに参加したりしています。さらに療育施設、保育園、幼稚園、学校、職場にお邪魔することもよくあります。

この本で基本としている言葉を二つあげます。これらの言葉を念頭において、いつも思い出してください。この基本さえ身につけていれば、あとはご自分らしく考えればいいのです。

一、私たちと同じ人間――一部にダウン症があるだけ。だから家庭の中心ではなく一員。

二、家族はサポーター（応援団）、選手は本人。サポーターは選手の代わりになれない。

なお、この本はダウン症だけについて書きましたが、ほかの特性がある方にも、さらには障がいをもっていない方々にも、共通のメッセージとしてお送りします。

もくじ

はじめに　ダウン症神話って？……**3**

NG神話❶　ダウン症の子は天使で無垢、悪いことはしない……15
「障害児」にとらわれていませんか／コラム　偏見と差別について

NG神話❷　ダウン症があると永遠に子ども、いくつになってもかわいい……22
ヒゲの生えた赤ちゃん／ヘリコプターペアレント、芝刈り機ペアレント／抱っこを求めて歩かない子に／自立は無理という親ごさんへ／コラム　ボランティアさんへのお願い

NG神話❸　ダウン症の子を育てるのは大変……32
お試し行為にのらないで／叱りかた、褒めかた／周りにひと声かける癖がつけられるように／キョウセイシッコウ（強制執行）？／お父さんも子育てのキーパーソン／きょうだいへのかかわり／日本は福祉が他国に劣る？／親の会は何をするところ？／新生児期に医療・看護はどうかかわったらよいの？

NG神話❹　ダウン症の子は体が弱い……48
人の寿命は誰にもわからない／親はわが子の専門家

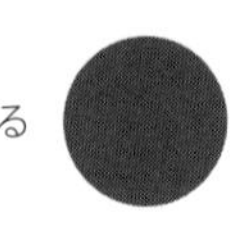

NG神話❺ ダウン症の子には早期療育が必要、ふつうに近づけられる・・・・54
ダウン症の子は真似するだけ？／乳幼児期にしておくことは／コラム　非認知能力と認知能力とは／トンデモ療育のフェイクを見破ろう／切り替えじょうずになるためには／赤ちゃん体操と抱っこの姿勢／身辺自立はいつどのように／きちんと食べられるようになるには／意外な盲点　感覚が育つ体験／ダウン症のある人（子）に適した言語指導は／家庭で言葉を育てるには／発音を聞き取りやすく／読み書きが必要なわけ／学校の勉強は何のため？／どの学校で何が学べる？／コラム　インクルーシブ教育って何？／家庭で勉強を教えるには／家事は最高の勉強／コラム　小学校の先生は教育のプロです

NG神話❻ ダウン症の人にこれは難しい、やっても無理・・・・87
知的障がいって何？／ダウン症のある子には算数や抽象思考は無理？／コラム　スキルとテクニックの重要性

NG神話❼ ダウン症の人は不器用・・・・96

NG神話❽ ダウン症の人は素直で従順・・・・99
ダウン症のある人は嘘をつかない？／犯罪にご注意／「イヤ」を大事にしよう

NG神話❾ ダウン症の人はガンコ・・・・106
しなやかで逞しい心を育てるために／コラム　怒りが湧いてきたら

NG神話❿ ダウン症の人は悩みがなく、ストレスもなく、いつも幸せ・・・・112

もくじ

ダウン症の人どうしは仲が良い、とはいえない

NG神話⑪ **ダウン症の人は考えていない……120**
考える力を育てるには／覚える教育、考える教育／社会性を育てるには／コラム
メディアリテラシーを身につけよう

NG神話⑫ **ダウン症の人には芸術的才能がある……131**
絵で辛さを表現できるということ

NG神話⑬ **ダウン症の人はオンチ、歌をうまく歌うことはできない……135**
絶対音感と相対音感は

NG神話⑭ **ダウン症の人は成人になると太る……139**
運動が苦手な人には

NG神話⑮ **ダウン症の合併症は特殊で専門医師でないと治療できない……143**
命にかかわる合併症にご注意／心の病気は、人との関わりによって軽くも重くもな
る／薬を正しく安全につかうには

NG神話⑯ **ダウン症の人には特別な食べもの飲みものやサプリが必要……160**

NG神話⑰ **ダウン症の人は老化が非常に早い……165**
お肌の手入れを／年をとっても自分の足で歩けるように／親亡き後も安心して暮
らせるように

NG神話⑱ ダウン症の成人は退行することが多い……170
ダウン症の人はアルツハイマー病になる？／コラム 「ダウンタイム」は疲れた心を救う

NG神話⑲ ダウン症を改善する薬ができそう、正常に近づけられる……179
コラム 消えた薬／コラム 脳詐欺師にご注意

NG神話⑳ ダウン症は遺伝ではなくてよかった……184
専門家と患者・家族との溝を埋めるには／遺伝子や染色体検査は何のために／遺伝医療は誰にもできるという誤解／出生前診断における判断は複雑／遺伝医学は自然科学、遺伝医療には科学を超えた人間関係の複雑さがある／コラム ダウン症候群の原因を見つけたフランスの教授は／コラム イギリスの情報から

あとがき……200

本文イラスト：長谷川知子

ダウン症神話から自由になれば子育てをもっと楽しめる

ダウン症の子は天使で無垢、悪いことはしない

あるある

うちの子、もう40歳だけどホントに天使。
笑い顔が天使みたいで、つい許しちゃう。
ダウンの子は天使っていうのに、うちの子は小悪魔。どうして？

BUT… でもね

赤ちゃんはみんな天使ですよね。親心としては、いつまでも天使であってほしい。でも、そうはいかないのが人間の子どもです。なのにダウン症があると、いつまでも天使に留めてしまう。これって変だと思いませんか？

お母さん、忘れていませんか、あなたの生んだ子は立派な人間だということを。お子さんが生まれる前には、将来は立派なおとなになって、社会で活躍してほしいと思っていたことを。

ダウン症それじたいは病気でも障がいでもなく、「人類の多様性」のひとつにすぎません。すでに1990年代初めには言われていました。日本人類遺伝学会でも認められています。「ダウン症はあなたの体質」と、わが子に教えている親ごさんもいます。

どの子にも天使的なところと小悪魔的なところがあります。ダウン症も同じで、お母さんの前では天使のようでも、いなくなると小悪魔に豹変することがあります。反対に、外づらのいい子もいます。子どもってけっこう「したたか」なのです。

いつもお母さんの気持ちに添える天使のようなイイコもいます。こういう子は、みんなから褒められますが、気をつけないと自分を見失ってしまいます。おとなになってからも自分の気持ちが出せず、相談もできずにひとりで苦しみます。おとなしかったのに急に引きこもったり、暴力をふるったりする人は、悩みを極限までため込んで爆発したのです。ダウン症かどうかは関係ありません。

天使ならまだしも、ほかの動物に似てるなんて言われることがあります。人間は動物の一種ですから、似ている人がいても不思議ではないでしょう。サル顔、イヌ顔、ネコ顔。電車の中で小さな子が「あのおじちゃんゴリラに似てる〜」と大声で言い、お母さんがあわてて口をおさえたのを見たことがあります。ゴリラは人間の親せき（ヒト科）だから似た人はいます。ダウン症でも知的障害のある人を動物にたとえるのは、知性や理性がないと思われているからなのです。ダウン症

の人の知能は平均から少し離れていますが、人間としての知性や理性はしっかりあります。それにこのたとえはほかの動物にたいしても失礼です。現在、動物は全て進化の先端にいますから、人間に飼われた動物以外は居住地に適応して賢く生活しているのです。人間はいちばん複雑で本能だけで生活してはいませんが、いちばん偉いわけではないのです。

ダウン症のあるチンパンジーもいます。京都大学熊本サンクチュアリに住む「カナコ」で、白内障と先天性心疾患があるものの、元気なおとなに成長し、やさしい仲間が近くに来ると喜びの声をあげるそうです。

例　マオさんが生まれたとき、看護師さんが「ダウン症の子は天使なのよ」となぐさめたのですが、お母さんは「うちの子は人間ですよ」と返しました。マオさんはたくましく、しっかりした女性に育っています。

例　ある保育園を訪問したとき、ダウン症のある園児が保育士さんのバッグを勝手に開けていたので「これ、○○せんせいのでしょ」と注意しました。するとその保育士さんは「いいのよ」と許しました。これでは自他の区別すら知らないまま育ってしまいます。「これ、せんせいの」「おかあさんの」などと言ってから、「だいじ、だいじ、ちょうだい」と言って返してもらいましょう。

善悪がわかるはずなのに万引きをするダウン症の人もいます。それは、社会で生きる人間として必要なことを教えられていないためでしょう。社会性を身につけるのに大事なことも、天使と思われていたら、人間として当然のことが忘れられてしまうでしょう。それでは将来、世の中から嫌がられ、避けられてしまうことにもなります。不幸はダウン症や障がいのせいではないのです。

「障害児」にとらわれていませんか

天使と信じたい心の底には「障害児じゃない」という思いがありませんか。でも「人間である」という事実を忘れたら、「天使」も「障害児」も同じくレッテル貼りになってしまいます。

「障害」の意味は、慢性疾患やケガの後遺症、特別な体質や特性があって、それが「生活するうえで障害になる（支障をきたす）」ということです。これには周囲の人たちや生活状況などの「環境」が大きく影響します。障害面だけに注目したら、ルーペのように拡大されます。全ての人間には、共通な面と、人それぞれに違う面があって、それらが総合されて個性になります。こんな当たり前のことが、ダウン症候群とか診断されると、忘れられてしまうようです。

「障害児（者）」を「障がい児（者）」「障碍児（者）」「しょうがい児（者）」と書きかえても、レッテルに変わりはないのです。それは、その人の全てが「障がい」であるように受けとられるからです。英語では、ほんの一部であることから a person with disability、ダウン症では a person with Down syndrome となります。この言い方はＷＨＯからも推奨されています。

「障害者（児）」という言葉は行政には便利であっても、社会のなかでつかう言葉ではないのです。

ある福祉専門家は、説明のときに障害の言葉はつかわず「苦手」と言うそうです。障害と言うと一般の人（子）は「自分と関係ないと思ってしまうけど。苦手と言えば誰にでも苦手はあるので、共感しやすくなる」からということです。

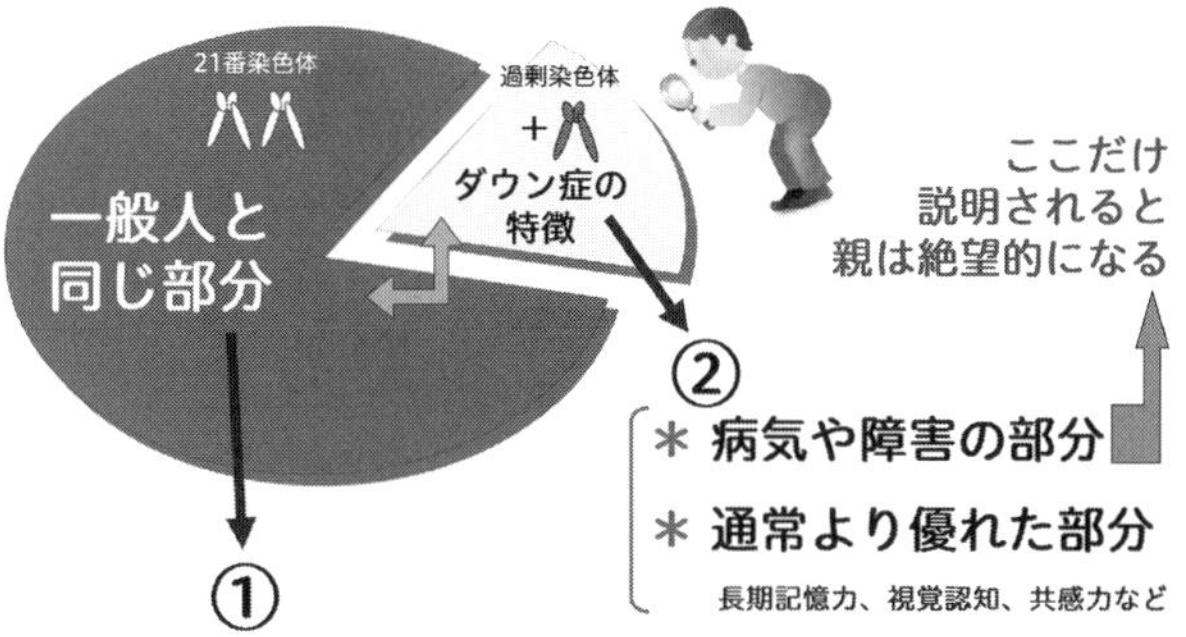

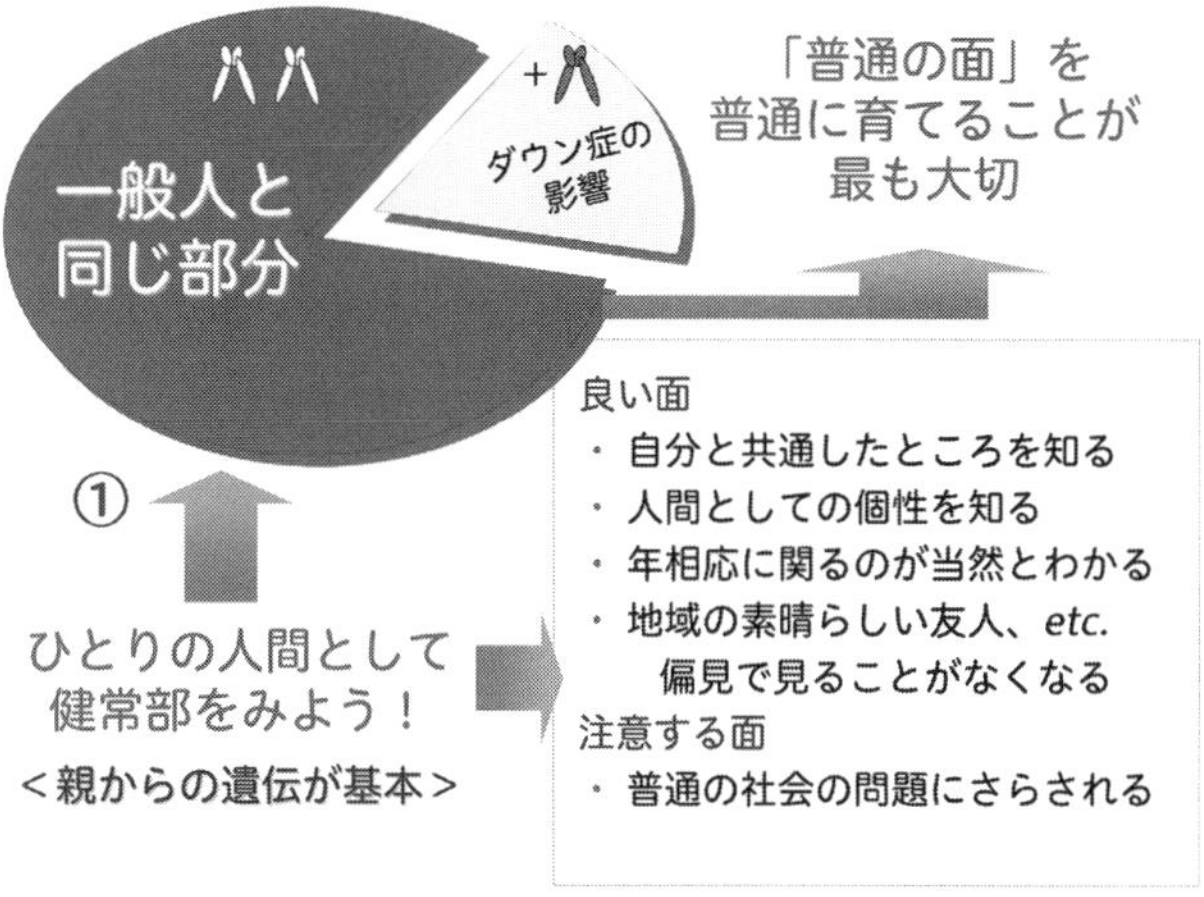

21番染色体
一般人と
同じ部分
過剰染色体
＋
ダウン症の
特徴
ここだけ
説明されると
親は絶望的になる
①
②
＊ 病気や障害の部分
＊ 通常より優れた部分
長期記憶力、視覚認知、共感力など

一般人と
同じ部分
＋
ダウン症の
影響
「普通の面」を
普通に育てることが
最も大切
①
ひとりの人間として
健常部をみよう！
<親からの遺伝が基本>

良い面
・ 自分と共通したところを知る
・ 人間としての個性を知る
・ 年相応に関るのが当然とわかる
・ 地域の素晴らしい友人、*etc.*
　偏見で見ることがなくなる
注意する面
・ 普通の社会の問題にさらされる

偏見と差別について

偏見・差別はまとめて語られますが、偏見と差別は同じではないのです。

「偏見」のほうは「無知」から起こります。話題になっている本『ぼくはイエローでホワイトで、ちょっとブルー』に、こんなことが書かれています。イギリスに住む中学生の息子が、アフリカ系の同級生をジャングルのモンキーと言ったハンガリー移民の同級生に怒っていたとき、本の著者であるお母さんがこう言います「無知なんだよ。大人はそういうことを言うんだと思って真似しているだけ」。息子が「つまり、バカなの？」と聞くと、お母さんは「いや頭が悪いということと無知ってことは違うから。知らないことは、知るときが来れば、その人は無知ではなくなる」と答えています。

ちなみに、バカとか頭が悪いというのは、IQとは関係ありません。だれでもバカなことをしたり言ったりしています。アメリカの哲学者アーロン・ジェームズは、本物のバカとは「自分を非の打ちどころがない、社会生活で特権を与えられるべき人間だと思いこんでいるような人」のことだと述べています。一方、ダウン症のある娘さんとお父さんがおたがいに「バカだなあ」と言いあっている家庭がありますが、本当は賢いと思っていなければ言えないことです。お嬢さんは「私はそんなバカではありません」と言い返していましたが。

「差別」も無知が原因ですが、そこに損得や利害が加わります。自分に損だと思ったり、損害をあたえられるのではないかと恐れたりすることで差別心が生まれます。これは過剰防衛にもなります。まるで幽霊を怖がるようなものです。差別心が人間にあるのは、異質なものを排除して身を守った動物としての進化の名残と言われます。でも人間には理性があり、正しい知識を得る能力があるので、それによって差別心をなくすことができるはずです。

新型コロナウイルス感染で巻き起こった差別も、うつされたら怖いという過剰防衛なのでしょう。偏見と差別をなくしていくためには、まず私たち自身が無意識にもっている偏見と差別の心をあぶりだして、言葉に出す（言語化する）ことが必要なのです。

NG神話2

ダウン症があると永遠に子ども、いくつになってもかわいい

あるある

うちの子たまらなくかわいいわ（30代の息子のこと）。

「作業所で働いている40歳くらいの子だけどね」

この作業所では利用者を〇〇ちゃんと呼んでいる。親たちがそれでいいと言うから。

「先生かわいいね」厳しい担任の女性教師に言うダウン症のある小学生。

BUT… でもね

子どもたちは思春期ごろになると、かわいいねと言われたら「子ども扱いしないで」とおもうでしょう。ダウン症のおとなも子ども扱いは嫌なのです。ほかのお母さんから子ども扱いされたと、怒りに満ちたメールを送った30代のダウン症の女性もいます。メールを受けたお母さんはわが子を幼く見ているので、何で？とふしぎそうでした。でも、このように主張する人

よりも諦めてしまう人のほうが多いのです。子どもっぽくふるまうほうが喜ばれると見抜くと、幼い子のようなふるまいをして悪循環に入っていきます。いつまでもかわいい子であってほしいというのは現実離れした欲望にすぎません。

たいていのダウン症の人が、ほかのひとを褒める言葉は「かわいい」だけです。それは、いろいろな褒め言葉、「すてき」「かっこいい」「きびしいけどよい」などを聞いたことがないからでしょう。

もしかして、何歳になっても「子ども」と言っておられませんか。家庭の外でも、いい年の人が「○○ちゃんが」と言われているのも耳にします。無意識に、「同じ作業所に○○ちゃんという子がいるの」と言っておられませんか。

社会人の「ちゃん」呼ばわりは子ども扱いなので差別であり、障害者差別解消法の理念からも逸脱しています。障がいのある人だけでなく、日本では、職場の若いスタッフを平気で「子」や「ちゃん」呼ばわりする慣習が残っていますが（ちゃん付けハラスメント）、こういう人格軽視の会社には将来がないと言われるようになってきています。

とあるダンスグループでは、おとなでも「この子」と言われています。あるチャリティー番組では、共演したアイドル達より年上のダウン症の成人たちが「この子」と平気で言われていて、失礼だなとおもいました。一方、元ＳＭＡＰの中居正広さんは対等なおとなとして金澤翔子さんに話しかけておられていました。アメリカ映画『チョコレートドーナツ』の案内文には、ダウン症のある一八歳の俳優を「子役」と呼んでいました。偏見や差別は意識しなければ克服できないのです。

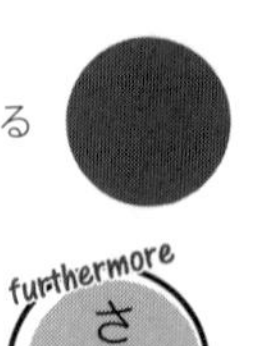

「かわいい」は今どきの日本人にとって最高のメダルのようです。その人の複雑な魅力よりも、能力よりも、努力よりも価値が高ければ、幼児性を残したい、おとなになりたくない人が多くなるでしょう。高齢になると子どもに還ると言われますが、それは脳の発達からあり得ないことです。おそらく社会で過ごすためのメッキが、加齢によって剥がれただけでしょう。

ダウン症の人たちは、ほかの人を大切にするので、相手の気持ちに添おうと、かわいい振りをしがちです。そうなると心の成長もおさえられ、自立する機会をのがしてしまいます。

相手を思いこみだけで見なければ、正しく判断できます。日本人は海外で子どもっぽく見られがちですが、ドイツで知りあった人たちは年齢を正確に当てました。どうしてわかったのと聞くと、経歴と話の内容からわかったと言われました。

例 高校生の男子、いとこでダウン症のある成人女性のことを「○子ちゃんは僕をまだコウちゃんって呼ぶんだ。やめてほしいよ」。オイオイ、君、「○子ちゃん」って、年上でおとななのに、変じゃないの。

例 ある集いで、小学6年生のアヤさんのリュックにお母さんが手をつっこみ「○○がないわよ、忘れたんじゃない」と言っていました。そばでアヤさんは険悪な形相でにらみつけていました。お母さんが離れてから「お母さん、子ども扱いしてるね」と私が言うと「ウン」というお返事。そこで「あなたの気持ちをお母さんに言ったほうがいいよ『お母さん、子ども扱いしないでください』って」、「あなたのことだから、あなたが言うのよ」と助言すると、アヤさんはすっくと立ち上がり、お母さんのところに行って「お母さん、子ども扱いしないでください」とはっきり言いました。お母さんはびっくり、すぐには変わらなかったのですが、だんだん子ども扱いはしなくなりました。

例　おとなとしての自覚のもとに一人暮らしを始めた金澤翔子さんが、「翔子ちゃん、えらいわねえ」「かわいいわねえ」と言われているのをよく耳にします。「翔子はそう言われるのは嫌なのに」とお母さんは言っておられました。だれだって30代でこう言われたら嫌ですよね。

例　あるお泊り会で、ボランティアの23歳の女性に、ダウン症のあるしっかり者の20代後半の女性が「おねえちゃん」と呼んでいました。ボランティアの女性に注意すると、「おねえちゃんと呼んでいい？」と聞いたからというお答え。「でもそれって社会的に変でしょ」と言ったのですが、解せないようでした。このボランティアさんは弟さんにダウン症があり、ダウン症の人はみんな目下だと思いこんでいたのでしょう。ダウン症の女性はボランティアさんに幼な子のように甘えていました。いつもはしっかり者なのに。そのボランティアさんが先に帰ったら、突然いつもの彼女に戻りました。

例　ダウン症親の会主催の合宿に行ったときでした。一人の20代女性が泣きながら「もういや」と訴えてきました。合宿に来ていた高校生ボランティアが嫌なのだと。その高校生に聞くと「この子泣いちゃったの。わかんないけど」と答えたので、ああ、子ども扱いされたので嫌だったのだな、とピンときました。そこで高校生に説明しましたが、なんのこっちゃという顔でした。

ボランティアを入れる前にはきちんと教育しないと、偏見や差別が広がる「ボランティア公害」になってしまいます。そのための資料をコラム（28ページ）に入れました。

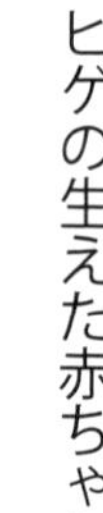

ヒゲの生えた赤ちゃん

ときどき成人福祉施設に行くことがあります。そこには「ヒゲの生えた赤ちゃん」もいます。精神的におとなになるのを止められた人たちです。そこで支援員さんたちに、子ども扱いしないでくださいねとお願いしますが、「でもかわいいから、つい……」と言われることがあります。しかし、かわいいという感情にまかせた言動は、相手のためにならないので、抑えるのが専門家としての基本ではないでしょうか。

ヘリコプターペアレント、芝刈り機ペアレント

ヘリコプターペアレントとは、ヘリコプターのように上から監視して、先回りして指示をあたえる、過干渉な親のことです。芝刈り機ペアレントとは大変そうな所（芝生）を歩く前に全て刈り取ってしまう過保護な親のことです。どちらもアメリカやカナダでつかわれている言葉なので、過保護・過干渉は日本だけではないようです（イギリスではホットハウジング＝温室栽培）。これは母性本能のためと思われがちですが、実は違うのです。母性本能はわが子を自立させる目標があるので、動物は時期がくるとわが子を手放します。人間は母性本能を超えて、責任感、想像力、思考力など総合能力をはたらかせた判断ができるようになっています。毎日の生活を通して、人間にとって大事な「直感」も生まれます。

過保護・過干渉によって、子どもは、小さな挫折でも自ら対処できず、パニックになったり、引きこもったりして、精神的に支障をきたすおそれがあります。この背景を知らない専門家からは、退行だというズレた解釈がなされています。

お子さんが親の態度に反発し、それに親が気づいて、親子関係を改善させれば、問題は解決できるでしょう。幼いころから互いに話しあい、一緒に考えてきた親子であれば、わが子が困難な問題にぶつかって葛藤し、たとえ一時期引きこもっても、必ず立ち直って成長すると信じることができるでしょう。

言葉が出ない人でも、思いは通じます。成人になっても、問題に親ごさんが気づいたら、先回りを止め、息子や娘の言いたいことを汲むようにして、指示・命令・禁止でなく、こうしてほしいという気持ちを伝えていけば、すこしずつ問題は解決に向かいます。

「手や口を出し過ぎないで」と言うと「じゃあ放っておけばいいんですね」と言われることがよくあります。でもそれは単純な白黒思考です。手や口を出し過ぎないためにはどうしたらよいか、ダウン症のあるご本人と一緒に、家族で話しあってはいかがでしょう。きょうだいが良いアイディアを出してくれるかもしれません。親しかった保育園長から「4歳の子でも解決法を考えてくれますよ」と、教えられたことがあります。

抱っこを求めて歩かない子に

親の過干渉はだいたい無意識です。よくあるのは、「歩こうとしないで抱っこを求める」という悩みです。これにたいする助言は、静岡の心理相談員でもあるお母さん、河内園子さんから「抱っこして歩けと言われていないのに歩くから」と教えられました。なるほど、まだ歩行が確かでない子どもにとっては抱っこされるほうが楽ですから「『だっこ』って言えば歩いてくれる」とわかれば、味をしめるでしょう。子どもは将来それが損になるなんて思いませんから。

自立は無理という親ごさんへ

わが子はどうせ自立できないからと言う親ごさんもいます。そこには二つの思いこみがありそうです。一つは、自立は何でもひとりでする、という思いこみ、もう一つは発達が特別良くないと自立できない、という思いこみです。

「自立」の本当の意味は自分で何でもやることではないのです。そもそも何でもひとりでやれる人なんてありえません。誰でも、できることは自分でやり、不得意なことや、自分の力を超えることであれば、ほかの人に頼むでしょう。誰に頼んだらよいか判断するのも自立に入ります。頼れる人が多いほど自立が進むとも言われます。これはダウン症があっても、重度の障がいがある人も、さらに私たちも同じなのです。自立は発達のレベルと関係ないのです。

コラム　ボランティアさんへのお願い

ダウン症の人たちとの良いおつきあいのために

☆「ダウン症」は、最初に報告した英国のダウン医師の姓をとって名づけられました（医学での名称は「ダウン症候群」）。ダウン症は生まれてくる子の千人に1人くらいの割でみられる特性（または体質）です。ダウン症自体は病気でも障害でもなく、「人類の多様性」にすぎないのです。

☆ダウン症の原因は、体の細胞にある染色体のうち21番目（最小の染色体）上の遺伝子が増えたことによります（21トリソミー）。ほとんどは生まれる前に偶然生じたもので、誰にでも起こる可能性があります（私たちもダウン症をもって生まれたかもしれないと想像してみてください）。

☆21トリソミーは共通な特性をもたらします（個人差は大きいですが）。その特性は、苦手なことだけでなく、すぐれていることもあります。

☆すぐれた特性は、ほかの人を観察して、ひとの思いを感じとれること（きわだった観察力と共感力）と、形態認知力、空間認知力、長期記憶力です。

☆苦手なことは主につぎの3つです。

①低緊張（筋緊張低下）と少なめの筋肉量→関節の支持が弱い、素早い動きは苦手、運動発達が遅れる、言葉がうまく出ない、呼吸器の細菌感染が進みやすい、など。

②発達の特徴→発達がゆっくりで、長文や込みいった話や抽象的なことは理解しにくい（耳からよりも目で見たほうが理解しやすい）など。

③合併症の可能性→合併症にたいしては定期検診が必要。合併症は人によって数も程度も大きく違う。たいていは、一般の人に起こる病気と変わらないが、発症頻度が高いものがある。ほとんどの病気は治療できる。重度化しないように早期診断、適切な治療が必要。気になることがあったらすぐに診察を受ける必要がある。

☆ダウン症があると年齢より若く（幼く）見えることが多いのですが、おとなに幼い子のような話しかけは失礼で差別にもなります。人は誰も心のなかに差別心を持っていますが、それを認識して捨てることが大事です。これは人間どうしの良い関係つくりにもなります。

☆同年齢や年上の人にたいして目下のように関わらないこと。これも失礼なことなので、それに気づくよう、心がけましょう。

☆ 皆さんよりもできないことは多いでしょう。でも、ダウン症のある人は、相手がどう関わるか、どういう人かを試す技をもっているので、できない振りをすることがよくあります。

☆ 相手の期待どおりに行動する能力が高いのです。低く見られると、異議を唱える人もいますが、諦めてしまい、能力が低いようにふるまう人が多いので要注意です。

☆ できないようでも、すぐに手や口を出さないでください。自信がないと甘えたり、演技で避けたりしますから、「大丈夫、できること、知っていますよ」などと言って励まし、見守ってください。

☆ 褒めかたは注意が必要です。褒めるのに目下へのものの言いのようだと、失礼になります。

努力して達成したことには、さりげなく笑顔で認めるくらいがよいでしょう。

☆ もし、腹が立つことがあっても、すぐに反応せず、6つ数えて冷静になって、「そういうことはしないでください」と毅然として言うことです。そのあとで短く理由を言うと、考えてもらう材料になります。

☆ 常に、「自分自身がされたらどうだろうか」と考えながら対応するのは大事なことです。これは日常の対人関係においても必要なことなので、私たちが社会で生きるために有効なトレーニングにもなります。

（初版は「日本ダウン症フォーラムin静岡」で使用）

ダウン症の子を育てるのは大変

あるある

うちの子ダウン症だから育てるのが大変そう。
「産むんですか、育てるの大変ですよ」と産婦人科で言われた。
「だんだん大変になるわよ」とほかの親に言われた。

BUT... でもね

子育てが大変なのは、はたしてダウン症のせいでしょうか。大変と思っていたら、そんなことはなかった、という声もよく聞きます。大変なのは、将来が不安で子育てを楽しめないせいかもしれません。かわいそうだと手をかけ過ぎていませんか。甘やかして振り回されていませんか。とはいえ、親の責任はほんの少しです。親は手さぐりで育て、専門家の助言を頼りにします。専門家の影響はとても大きいので、専門家の方には、先入観を外してありのままを温かく観て、広く柔軟に考え、多様な情報を得て、多面的に学んでから助言してくださることを願います。

子育てが大変になるのは、お母さんに育てる自信がないためかもしれません。でも、親が子育てに自信たっぷりだったら、そちらのほうが心配です。ただ、自己肯定感が低すぎると、アヤシゲな専門家やママ友の偽情報に従ってしまいます。育児で自己肯定感をもつためには、わが子を信じ、母親としての直感を信じることとです。ダウン症とか障害とかを頭からいったん追い出して、思いこみを頭から追い払ってください。がんばったりしないで。そうすれば、ありのままのわが子が見えてくるので、その子に合った育児も見えてくるでしょう。私たちの脳には子育ての基本的な能力があります。しかし、理想や欲や競争や不安が脳を支配するとその能力は鈍ってしまいます。自分の脳を信じましょう。

子どもは一人ひとり違っています。ダウン症があってもなくても同じです。「みんなと同じでなくちゃ病」にかからないようにしましょう。ほかの子に合う育てかたでも、わが子には合わなくて当然です。一卵性の双子ですら違いはいくつもあるのですから。

親子の性格も関係します。お母さんが一人っ子で、おとなしいイイコだったら、言うことを聞かないワンパク息子は理解しがたいでしょう。その子にダウン症があったら、障がいだからと思ってしまいそうです。人間の性格はさまざまで、ダウン症があっても変わりはないのです。

静岡市で心理相談をされていて、長女のナツキさんにダウン症がある河内園子さんは、幼い子の親ごさんたちに、「染色体異常がある、と告げられても子育てに変わりはありません。ただ、少しだけ丁寧に育てればいいのです」と助言しておられます。ナツキさんが生まれたとき、お母さんは心が暗くなったそうですが、そこは心理の専門家、どうしてそういう気持ちになるのか考えたところ、「この子が世の中の役に立たないと思っているからだ」ということに気づきました。では、自分が世の中で役立っているかと考えた

ら「たいして役に立っているとは思えない」。だったら「将来役に立つか立たないかなんて、育てるのにどうでもいいこと」という結論に達したそうです。

ところが一年たったとき「役に立たないなんて大間違い、この子は私よりも役に立っている。ひとの価値観を変える力があるのだ」ということがわかったと言われていました。

ダウン症の子はこんなに大変とこぼすお母さんたちに、ほかのきょうだいは？と聞くと、多くの方は「もっと大変なんです」と答えられます。どの子も思春期になると、変わっていく自分の体と心にとまどいます。おとなしく育っていた子が突然反旗をふりかざしたり、劣等感にさいなまれたり。親ごさんが振り回されたりすることがあります。引きこもる子もいます。ダウン症の子が特別なわけではないのです。

ダウン症のある子を育てるときの不安には、親ごさんの「中途障害」になったような心理状態もありそうです。お子さんにあるダウン症は生まれつきなので、それが「ふつうの状態」ですが、親ごさんには途中で起こったことなので、前はこんなじゃなかったとか、望んでいた人生が消えてしまったとか、ネガティブな考えが現れるのもやむを得ないことでしょう。先のことを想像しすぎたら不安だらけになりそうです。でも、過去も未来も虚像です。未来は予測どおりにはならないでしょう。現実は現在だけですから、今ここに生きている自分がしていること、たとえば、呼吸や、食べている物の味や感触などに集中していると、余計なことを考えなくなっていきます。これはマインドフルネスの基本でもあります（やり方の本もあります）。人間は考えすぎるので、考えずに今の自分を感じる時間には珠玉の価値があります。

子育てじたいがわからないから不安という声もよく聞きます。お祖父さんお祖母さんが経験から教えてくれることもありますが、熱心すぎると、子育ての主役が親から祖父母に移ったような寂しさを感じてしまいます。孫を甘やかしすぎたり、時代に合わない育児法にこだわったりして、ありがた迷惑のこともあります。それに昔が良かったとはかぎりません。人は昔の悪かったことは、忘れているからです。経験から学ぶことは大切ですが、経験にとらわれないことも大事です。ママ友の情報でわが子には合わないことも多いでしょう。とくに自信たっぷりのママ友情報ほどアブナイものはありません。

ネットの育児情報もさまざまです。「静岡ダウン症児の将来を考える会」のホームページに子育てと生活の情報がのっています。私のコーナーも設けてくださっていますので、ご質問があれば会にメールを送ってくだされば、お返事できます。知らないことは確かな専門家に聞きます。本からの情報も参考になるものがあります。そのような本を巻末にあげています。

わが子のことばかり見ていたら悪い面ばかり目に入ります。良いところがたくさん見られるように、お母さんはもっと自分の生活を楽しむことです。今、やりたくてもできないことに思いきって手をつけると、子どもから少し離れられるので、わが子の良いところが見えるようになりますよ。

ふつう2歳くらいになるとイヤイヤがはげしくなりますが、ダウン症の子も同じです。これは、ごくふつうの発達で、立派に自我が育っているのです。何でもやってみたい、自分でやってみたい、やらされたくない、やっていることを止めてほしくない、などなど、自由と理想に燃えてきて、まさに子どもらしい子どもです。外来が終わって帰るときも遊びたいとがんばる子は多く、そういうときは「ハーイおわり〜」と声をかけ、いっしょにお片づけしようねと言い、少しでもやろうとしたら褒めています。幼い子がまだ遊ぼうとしたら、親ごさんが「帰るよ」とだけ言って、あわてず、ニコニコしながら抱き上げて入り口に

連れていけば、たいていの子は気分をかえて、うれしそうにバイバイしてくれます。無理にやらされたと思ったら抵抗されますから、知恵くらべです。

ダウン症のある子も自我の芽は0歳からみられます。自我の強さは人それぞれです。表現が弱いと親ごさんは気づかないようで、これが反抗期ですよと言うと驚かれます。

責任感が強いお母さんのなかには、うちの子はうちだけで育てますと言う人もいます。でも人間に母親だけで育ててきた歴史はほとんどありません。いろいろな人とつきあうことで、社会を知り、社会で生きていける基盤がつくられるのです。信頼できる人を巻きこみましょう。親の会で知りあった、ほかの理解ある親ごさんは、斜めの関係をつくって、ご本人の相談相手にもなりうる貴重な人材です。お子さんも、親や学校の先生の言うことは聞かなくても、信頼できる他人の言うことは聞き入れやすいでしょう。

例　来年就学のハルちゃんは口が達者。保育園で汚い言葉をおぼえてつかいたい。でもお母さんは知らん顔なのでつまらない。私の外来でも汚い言葉を言ってへへへと笑い、反応を観察しています。おぬしやるなと感心しましたが、反応したらワナにはまるので、おなかのなかで笑い、目を合わさないようにして、「きたない言葉きらい！」と冷たく言い放ちました。ハルちゃんはガッカリして、それ以上言うのをやめました。診療が終わって私が「さようなら」と言うと、ハルちゃんは「さよ、おなら」と言ってへへへと笑いました。笑いたい気持ちをおさえて無視し、もう一度「さようなら」と言うと、ハルちゃんは繰り返してへへへと笑うのです。これを五〜六回やったところ、負けた〜というような悔しそうな顔で、蚊の鳴くような声で「さようなら」と言って帰っていきました。今ハルちゃんは立派な高校生になりました。今も、ひっかかりそうな人をお試しのカモにしていますが。

例　ナオちゃんは服の脱ぎ着ができるようになったので、ボタンの練習を始めようとお母さんはおもいました。お母さんが手伝おうとするとナオちゃんは「イヤッ」と手を払って、自分でボタンをはめようとします。でもなかなかうまくいきません。お母さんは近くで寝転がって「やってるやってる」と見ていました。かなり時間をかけ、四苦八苦して、ついに成功しました。ナオちゃんは達成感と自信から満面の笑みを見せました。

例　ヒデ君は幼稚園に通う男の子、身辺自立が全然できていないのは、両親の先回りが原因とわかり、「できるだけ手を出さずに励まし、自分でやれるという達成感を育ててください」と言うと、お母さんは仲の良い何人かの友だちにそれを話しました。すると友達のひとりが、ヒデ君が服を着るのをじっと待ってくれたそうです。なんと2時間も。持つべきものは良き友ですね。

例　悩みがいっぱいと言うお母さんに「ダウン症や障がいばかり見ていたら、だんだん大変になるでしょう」「ダウン症の本なんて今読まなくていいから、ふつうの子育て本を読んでみたら」とおススメしたところ、しばらくして、「ひよこクラブの本、読んでみたら、なあんだウチと同じだとおもいました」と言われました。

お試し行為にのらないで

お試し行為はダウン症のある人の得意技です。かわいいねなんて喜んでいないで、あぶない行為には厳しく叱り、それ以外はこわい顔で無視しましょう。障がいがあるからと甘くみたら、おとななんてちょろいと思って、全てのおとなをなめてかかります。それは育児困難や将来の深刻な問題につながります。

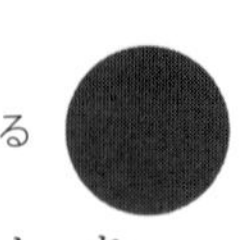

お試し行為は、気を引いて楽しむということよりも複雑な心の働きです。一つには人間関係に因果関係を見つけることを楽しんでいる、つまり「こうやったら、お母さんきっとこうするだろうな」と（言葉にしていなくても）思って、そのとおりになったら「ヤッタ！」と喜ぶのです。怒られるのは想定内なのです。もう一つは、おとなを振りまわして「支配」を楽しんでいるのです。「お母さんってボクの思い通りになるよ、ほ〜ら怒った」というふうに。ダウン症の子は人との関係を見抜く才能が高いのです。

叱りかた、褒めかた

叱ること、褒めることは、そう簡単ではないので、練習が必要になります。ものを投げるなど、まだ良し悪しがわからない幼い時期には、悪いことをしたら、強めに「やらない！」「行かない！」などと言ってください。ダメと言うと、ダメという言葉だけおぼえてしまいます。ほかの子にダメダメばかり言って嫌われた子もいます。

良くないとわかっていながらやるときは、危険でないかぎり、家では無視してください。笑わないで、目をあわせないで、厳しい表情で。すると反応をもとめて、よりいっそう悪さをくりかえすかもしれません。そこで親はめげてはなりません。ここいちばんがんばらないと、楽しいゲームにされて大変になります。ただし外で他人への迷惑行為をしたときは短い言葉で厳しく叱ってください。ダウン症の子もけっこうしたたかで、ニコニコすれば許されるとわかれば、その手で逃げます。そのとき親が相手の人に謝ることも大事です。

悪いことをしたら謝らせますが、謝る態度だけ見せて許してもらうとか、謝罪の言葉を言えば逃げられるとかをおぼえることがあります。謝る理由がわかっていないと、かたちだけになってしまいます。危険なときは、「あぶない！」と大声を出して、抱いて安全なところに連れていきます。危険を感じさせるためには言葉の強さが必要です。くりかえしたら、そのつど止めてください。

万引きのような反社会的行為があったら、厳しく教えないと、人間力も育ちません。ただし叩いて叱ってはいけません。それは「叩いていいんだよ」と教えるからです。叩くことをおぼえたら、ほかの子が悪いことをしたとき叩くでしょう。それで叱られたら「なんで？　お母さんはしているのに」と不服に思うでしょう。友だちからも嫌われてしまいます。

苦手なことは、だれでもやりたくないでしょう。途中でいやになってしまいます。完全にできなくても、やる気を見せたら褒めましょう。そうすれば意欲が育ちます。

褒めて育てるか褒めないで育てるかという議論がありますが、それよりも褒めかた、それに褒める時と場が大事なのです。人の子育てを単純なパターンにしてはなりません。

お子さんを褒めるとき拍手をしていませんか？　おとなが手を叩くと、意味はわからなくても子どもはまねて手を叩きます。そのしぐさはかわいくても、ふつうは自分に拍手しませんよね。ダウン症の子は共感性が高いので、ひとが喜ぶとうれしくなり、喜ばせようと何度もします。でもそれは本当の達成感ではないのです。むしろおとなが、お子さんの気持ちを感じとって、言葉と表情で褒めたほうがモチベーションを高めるでしょう。

忘れないでほしいのは、褒めるのも叱るのも、「その子が自主的にできるようになるための援助」だということです。あくまで主役は子ども本人ですから。

叱りかたのポイントをまとめますと

☆ 何のために、誰のために叱るの？（相手のため？ 自分のため？）一貫性が必要。

☆ 愛情と信頼関係が基本（愛情なく叱ると虐待になる）。

☆ 毅然とした表情と態度で（子どもはしたたか、障害の有無や程度と無関係）。

☆ 感情をおさえて。（「心のマナーモード」を！ 言葉や行動の前に1、2、3……6まで数えて）

☆ 叩いて叱ってはならない（叩き方を教えてしまう）。

☆ 「ダメ」と言う言葉だけつかうことはしないで（ダメしか言えない子になりかねない）。

☆ 理由を簡単に言おう（理由がわからなければ納得しない。知的障害の有無と無関係）。

☆ やるべきことだけ何度も繰り返して言うのも効果が上がる（とくに大人に負けたくない子に）。

☆ あなたの顔を見て笑っても、笑ってはならない（おとなは笑いを抑える練習を）。

☆ 謝らせるの大事、でも謝ればいいと思わせないで。

☆ 叱られた意味を理解しにくければ、言い方を工夫し、そのつど説明すること。

褒めかたのポイントは

❀ 苦手なことができたときや、よくないことをやめたときには褒める。

❀ 完全にできたら、もう褒めない（舞い上がる、褒めないとやらなくなる、などから）。

周りにひと声かける癖がつけられるように

私の勤めている病院で、外来にあるプレイコーナーで子どもが遊びたいときには、行く前に「あそんでもいいですか」と言ってから行かせるようにしています。言うまで手を握って離しません。言葉が出なくても、「……か?」「う〜」でもいいし、それらしい素振りをしてもかまいません。ホウレンソウ(報告、連絡、相談)は仕事についてからでなく、早くから身につけておいたほうが楽です。これができないために社会適応に支障をきたしている人は少なくないのです。

キョウセイシッコウ(強制執行)?

いやだ、行きたくないと動かない子を抱いて強制的に連れていくことがあります(これをキョウセイシッコウと呼んだお父さんがいますが)。幼いときはやむをえないでしょうが(そのときも「ハーイ、帰るよ〜」とか、目的を言い続けてください)、4〜5歳からは絶対やめてください。小学生から成人まで強制執行の話はかなり聞いていて驚きます。人間は配達便ではないのですから、いやがっている気持ちを無視して、納得しないのに無理に連れ出すのは人格無視の暴力でしかありません。信頼関係は破綻しますし、意思決定支援からも外れてしまいます。もし強制的にやらせてしまったら、ご本人に謝りましょう。わが子や生徒や利用者が人格無視の行動をしたら当然謝らせますよね。それと同じです。

お父さんも子育てのキーパーソン

育児が困難になる原因の一つがお父さんの非協力です。お父さんが一緒に育てる家庭は増えてきていますが、お父さんが一緒に子育てしないとしたら、原因は何でしょう。実家が亭主関白だったとか、やりたいけどどうしていいかわからないとか、やったら妻に怒られたとか。お父さんにしてもらうには、話しあって、何をしてほしいのかを具体的に伝えたほうがよいのです。なかには子育てのキャプテンになって偉そうに指示するお父さんもいて、困っているお母さんもいます。このときも、思いを伝えて冷静に話しあいましょう。指示したいお父さんや独走するお父さんには、二人で新しい家庭をつくっていく大切さを説明しましょう。教育専門家の小川大介という方は「わたしたち」という言葉をつかえばよいと助言されています。みんな家庭の一員なのですから。

お父さんに必ずしてほしい子育ては、一緒に遊ぶこと、そしてルールを教えることです。遊びかたには『あそぼう　あそぼう　おとうさん』という本もあります。男性の保育士さんが書いている本もありますから、参考にするといいでしょう。「パパと遊ぶ日」をもうけている地域もあります。

ダウン症のあるお兄さんと弟くんの息子二人と遊ぶのがじょうずなお父さんがいました。すばらしいですねと言うと、その方はこう語ってくださいました。「ぼくの父親は一度も遊んでく

お父さんといっしょ
しっかり支えてね

れなくて、話も聞いてくれなかったのです。それが不満で悲しかった。だから親になったらたっぷり遊ぼうと決めていたのです」。その方のお子さんはとても良い発達をみせていました。

子どもと遊ぶのは無理というお父さんにも、家庭で役に立つことがあります。それはお母さんを支えることです。ただし、お父さんががんばりすぎると、お母さんは辛くなります。子育てチームとして話しあいながらゆっくり進めていきましょう。

きょうだいへのかかわり

きょうだいへのかかわりも忘れてならないことの一つです。いわゆる「健常な」きょうだいは、何もしなくても育つと思われていることが多いようです。でも、みんな同じわが子で、「家庭の一員」です。一人ひとりが大切な家族です。障がいがあるからと家庭の中心にしてはなりません。家庭の中心になると、自分は世界の中心だと錯覚します。ほかの子は疎外感をおぼえ、「障がい児は可哀想だから何でも許される。こんな子は世のためにならない、いないほうがいい」という歪んだ考えをもつことすらあります。子どもが育つには、親と直接の絆が大切です。障がいのあるきょうだいを大事にすれば親に認められるのでは可哀想です。ただし子ども全員に同じことをする必要はありません。全員同じ対応は「平等」ですが、一人ひとりの個性や状況は無視されるために「公平（公正）」ではなくなります。平等にすると不満がでてくるのは、そのためなのです。

もし「ぼく（わたし）と（きょうだいの）○ちゃん、どっちが好き?」と聞かれたとき、「どっちも好きよ」という答えは適切とはいえません。もし「お母さんとお父さんどっちが好き?」とお子さんに聞いた

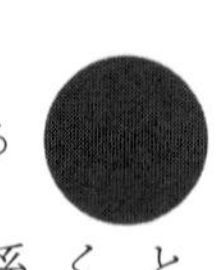

とき、「どっちも好き」と答えられたら、ちょっとがっかりしませんか？「お母さんが好き」と言ってほしくないでしょうか。そう、その場にいる人の関係で答えればいいのです。そこにいない人は、この際、関係ないのです。それも公正ということでしょう。

お父さんがほかの子にかかわっているから大丈夫、というお母さんもいますが、お父さんと協力しあうのは大事とはいえ、役割を分けてしまったら、子どもは「お母さんは自分のお母さんじゃないんだ」と思ってしまいます。

例　3人の子をもつお母さん、それぞれの子に合うものを選び、「あなたにだけよ」と渡しています。わが子は無条件の愛を求めていますが、それを自然にするのは難しいので、意識しておこなう必要があります。

例　ダウン症のある妹の世話をずっとさせられていたお姉さん、20歳のとき、「もう妹の世話はしない」と宣言しました。また仕事につかないで妹の世話をしていたお姉さんもいましたが、「この子は私がみるから」と言っていたお母さんが亡くなると、お母さんのようにしようと共依存になってしまいました。どちらも不自然で、不健全な家族関係と言えましょう。

例　弟がダウン症ということで結婚前の遺伝相談に来た男性がいました。遺伝相談に来た理由をたずねると、「僕は子どもにダウン症があっても全然気にしていないんです。でもそう思わない人もいるので話を聞こうと思って」と言っていました。

きょうだいも大切に育てれば、将来、障がいのある人にたいする偏見を正してくれて、社会を変革する重要な人になってくれるでしょう。そういう人も大勢います。

日本は福祉が他国に劣る？

日本の福祉は遅れているという話をよく聞きます。福祉がいちばん進んでいるのは北欧でしょう。しかし北欧諸国は、福祉にかける資金を増やせないので、国の目玉である最高の福祉を施すために、障がいのある人が増えないように（つまり生まれてこないように）抑えているのです。世界ダウン症会議で会ったスウェーデン人の家族が「ダウン症の子はほとんど生まれない。そのため専門の医療者もいなくなった」と、嘆いていました。日本は福祉が不十分だからダウン症の子が生きる環境がないと言う専門家もいますが、それが誤りであることがよくわかります。

たしかに日本でもトンデモ施設はかなりあります。でも、日本の総合福祉法は世界的にみても最高レベルですし（ご本人と親ごさん、それに高レベルの福祉施設も作成にかかわっていますから）、厚労省の考えも切り捨てではないはずです。トンデモ施設は、この法律を知ろうとしていないのです。利用者さんを「ちゃん」呼ばわりしていると監査で指摘されたのに、親たちに呼び方を聞いたら、「うちの子はちゃん付けでいいです」と言われたからと、そのまま変えないという成人施設もあります。利用者さんの人権を守るためには、親ごさんたちの意識改革が大事です。

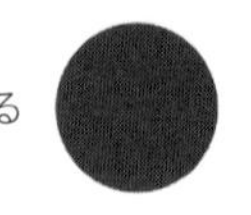

親の会は何をするところ？

以前『いでんサポートグループ』というアメリカの本を翻訳しました。そこには、親の会や自助支援団体の歴史、成功の秘訣、必要性、つくりかた、ピアサポートのやりかた、リーダーの役割と燃え尽きの防ぎかた、専門家とのつきあいかた、会への期待の限界、情報交換や出版のしかた、会合のやりかた、医学研究参加の注意、資金調達のやりかたと提供者への礼状の書きかたなどが詳しく書かれていて、とても勉強になりました。ある新聞社の記者さんからは、どの組織にも役立つ内容ですねと言われました。

この本と、多くの自助支援団体とのおつきあいの経験から、自助支援団体に必要な三つの柱を立ててみました。それはまず「わが子がより良い社会生活を営むため」、つぎに「障がいや病気をもった人の社会環境を改善するため」、そして三つ目は「差別的な障害者観の変革に向けて」です。これを達成するためには、親が目標に向けたチームをつくることです。二つ目と三つ目の柱は、藤田弘子先生から紹介された社会学者の要田洋江先生の、わが子にダウン症と診断された家族の面談による調査研究の結果を参考にしています。

新生児期に医療・看護はどうかかわったらよいの？

新生児期に、その子と親のためにならない情報を医療者が伝えると、親の不安は増大します。助産師で認定遺伝カウンセラーでもある中込さと子信州大学教授はこのように語っておられます。「新生児期に医療・看護者がするアドバイスはシンプルが良いのです。初めての育児体験は『授乳』ですから、抱きあげ、乳首を口元にもっていき、吸う力を感じとれるようにします。授乳のときは、母と子が見つめあい、話しかけるような姿勢にします。赤ちゃんが抱かれて、満腹になり、まどろんでいる表情はお母さんにとって喜びでしょう。お母さんからマザリーズ（赤ちゃんへの愛情こもった話しかけ）が自然に出てきたらＯＫです。授乳も、母と子の個性とたがいの関係から十人十色です。『この子はダウン症だから……』という見かたは誤りで、看護者は母と子の個性を観て、語りかけてください」。

ダウン症の子は体が弱い

あるある

ダウン症の子は体が弱く感染しやすいから心配。
感染を防ぐために3歳まで外出させないでと担当医に言われた。
長く生きられないでしょ、かわいそうだけどがんばってね。

BUT…
でもね

ダウン症があっても、今どきの子はほとんどが元気でたくましいのです。これは、昔より衛生状態がよくなったことや、外に出して運動もさせているためでしょう。どんな子でも過保護にされたら意欲が育たず、体を動かさなければ虚弱になります。

ダウン症があると、肺炎をくりかえす子もいます。一度肺炎になると肺胞がつぶれて再発しやすくなるので、しっかり治してください。子どもは熱があっても元気で食欲が減らないこともあるので、油断は禁物です。簡単な酸素飽和度測定器が家にあると安心です。

ふだんのようすをよく見ていると、違いがあったらすぐ気づけます。とくに幼い子は、急に悪化しますから、早く受診してください。ほかのきょうだいも同じように注意が必要です。

ダウン症があるから虚弱とはかぎりませんが、合併症がある子では注意が必要です。病気の特性と程度から、気をつけることや受診の目安を担当医と話しあったうえで、心配しすぎず、毎日の生活を大事にしていきましょう。合併症についてはＮＧ神話15に書いてあります。

健康を保つために必要なのは、規則正しい生活習慣、栄養バランス、適度な運動、意欲的に楽しむ日常生活、そして予防接種です。これは人間だれにとっても同じです。

ダウン症があると免疫が3歳くらいまで未熟のようですが、その後はふつうと変わらなくなるので、ほとんどの子は感染しにくくなります。ただし、もし熱を出しやすければ、細菌性の扁桃腺炎や鼻炎や副鼻腔炎や中耳炎などの可能性があるので、原因を調べて菌がなくなるまで治療しましょう。扁桃腺やアデノイドが感染や呼吸の問題をおこしていたら、摘出手術が早めに必要です。まれですが血液疾患による発熱も考える必要があります。

幼いころから外に出て、自然にふれたり、町を楽しんだり、社会のルールを知ったりといったさまざまな体験で、体も心も育ちます。免疫機能も順調に発達します。人ごみは避けなければなりませんが、自然の豊かな所にはどんどん出ていきましょう。日光にあたらなければビタミンD不足にもなります。最近、ビタミンD不足でクル病になる子が増えていると小児科から警告が出ています。日光にあたる時間は、夏季は木陰で30分、冬季は1時間くらいが必要です。ダウン症の人は紫外線に少し弱いのですが、それくら

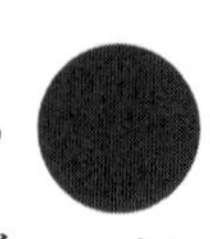

いなら心配はいりません。

健康チェックに定期検診は欠かせないので近くにかかりつけ医をもってください。大きな病院に直接行くよりも、相談しやすく、理解してもらいやすい近所のクリニックのほうが安心です。入院が必要なときは適切な病院に紹介してもらうので、スムーズに治療を受けられます。

ダウン症のある人たちは、乳幼児でなければウイルス感染には強いようなので、とくにこわがることはないとおもいます。とはいえ、呼吸筋が弱いことや、肺炎が回復しにくいことから、ウイルス感染に細菌感染がかさなると重症化しやすいので、予防接種はかならず受けてください。

先天性心疾患がある赤ちゃんは肺炎になりやすいのですが、心臓の手術をすれば、ほとんどの子が丈夫になります。経験が浅い医師は、体重を増やしてからと手術を延ばすようですが、心疾患があったら体重は増えにくいので、体重とは関係なく、早く手術をしてもらえる経験豊かな小児心臓外科医を紹介してもらいましょう。

例　二人の娘さんがいるお母さん。次女にダウン症があり、長女はいわゆる健常児。でもお姉ちゃんのほうが病気がちで、妹さんより気をつけなければなりませんでした。妹さんは過保護にならず、たくましく育ちました。

例　外来に来た子につきそっていたお兄ちゃんを見ると、片耳が真っ赤で、さわると痛がり、熱をもっていました。これは外耳炎か中耳炎ではないかとおもったので、お母さんに、帰りに耳鼻科に寄ってと言いました。やはり中耳炎ですぐに治療してもらえました。

健常といわれる子は病気が軽いと医師が思いこみ、きょうだいが命を落とした例もあります。

人の寿命は誰にもわからない

ダウン症の子が生まれたとき、寿命が短いと言う医師もいまだにいるようです。でも、ふつうは新生児の寿命のことは親に言わないでしょう。「日本人の平均寿命は80歳を越えているけれど、幼いうちに亡くなる子もいます」なんて言わないですよね。だったらダウン症の子の親に言う必要があるでしょうか。

昔は20歳までしか生きられないと言われていました。ひどい場合は、3歳までと言われた人すらいます。そういう親ごさんの多くは、だったら何でも好きにさせようと育て、20歳過ぎてワガママになり、手を焼きました。

今から100年くらい前、はじめてダウン症のことを報告したダウン医師は68歳で生涯を終えました。息子さんは享年63歳。息子さんの息子、お孫さんの一人にはダウン症がありましたが、この人は65歳で生涯を終えたそうです。あまり変わりませんね。

親ごさんに私は、人の寿命は誰にもわからないこと、いずれにしても子育ては変わらないこと、そして、病気を予防し、早く見つけて適切な治療をするための定期検診が健康寿命を延ばすことを話しています。

親はわが子の専門家

情報の選択は容易でないため、親ごさんが専門家の話を信じるのは当然でしょう。ですが、だいたいの専門家は自分の専門分野だけしか知りません。知ったかぶりをする専門家も多いので気をつけましょう。専門家の振りをする人もいます。専門家のつとめは、自分が何を知らないかも知っていて、その分野に精

通した人に相談したり、その人が書いた本やウェブサイトから学んだりすることです。親ごさんから教わることもたくさんあります。一緒に生活する親しかわからないことは多いからです。だから、親ごさんは「わが子の専門家」であってほしいのです。

ドイツの外科医アウグスト・ビア医師（1886 - 1949）の名言に「賢い母親はダメ医者より良い診断をすることが多い」というのがあり、アメリカの小児科教科書にも出ています。ただし、親ごさんの話だけでは問題が見つからないこともあります。

例　ダウン症のある幼い女の子、定期診察のとき、元気はよかったのですが「あれ？顔色が悪い」と感じ、お母さんに言うと「いつもと同じで色白なんです」と言われました。それでも、ふだんと違うので血液検査を勧めました。幸い、白血病でなく貧血で、ウイルス感染が原因のようでした。親と医療者、どちらか一方では見のがしやすいので、ダブルチェックは必要ですね。

だれの話が信じられて、だれの話を信じてはならないか判断するのは容易ではないのですが、人生を左右する大事なことでもあります。ほかの人の判断は参考にはなりますが、鵜呑みにしてはなりません。その人の経歴からもわかりません。まず、思いこみや損得を捨てた「直感」から、良さそうと思ったら受け入れてよいでしょう。でも、変だと思ったらさっさと逃げる。信用できないことがわかったら、それを教訓として、信用できる話と何が違うか考えてみましょう。社会常識から外れていたり、家庭生活を無視したりするならば、受け入れないほうが安全でしょう。

もともと人間の脳には、適切な方向に考えを進める能力があります。でも、ほかの人がどう思うかとか、あの人の顔を立てなくてはとか、悪く思われたくないとか、さらに、偉い人の言うことだから信じなくてはといった、自己評価を下げるような雑念が出てくると、せっかくの脳のはたらきも抑えられてしまいます。

NG神話5

ダウン症の子には早期療育が必要、ふつうに近づけられる

あるある

早期療育するといいですよ、と主治医に言われた。
療育がんばらなくちゃ、ふつうに近づけなくちゃ。
早く歩けるようにしたい、早く話せるようにしたい、早く身辺自立させたい。
療育をいやがって困ります。発達しなくなってしまったら困る。

思い出してください。「わが子は、ふつうの子にダウン症があるだけ」ということを。だから、ふつうに近づける必要はないのです。「障害があるから療育する」というのも、考えてみると変ですね。

早期療育は、昔、ダウン症とわかると諦められ放置されていた頃、諦めずに、愛情をもって前向きにか

かわった一部の親や専門家が、伸びる力を確認したことから広まったのです。

私は大学医学部で都内の入所施設を見学したとき、ダウン症の人たちを見て驚きました。みんな無表情で、座ったままで体をゆするだけだったり、おとなでも腹ばいでやっと動くだけだったりという最悪の状態だったからです。でもこれは諦めによる劣悪な対応のせいでした。その後はじまった早期療育では、偏見や差別心は据え置かれたままで、発達を伸ばす技術だけが進んでいました。１９７０年代後半には、療育で自信をなくし、心を閉ざした4歳児を診ました。これは「療育センター病」ではないかと、旧厚生省の療育にかんする研究班で報告して警告しました。しかし反響はほとんどなく、良い指導をされていた療育専門の方が気にして「うちじゃないでしょうか」と言ってこられただけでした。療育は薬にたとえるとわかりやすいでしょう。療育だけして毎日の生活を大事にしないのは、薬だけ飲ませて毎日の食事を大事にしないのと同じことなのです。

療育を効果的にするには、まず一人ひとりを多面的に観て、適した方針をたてることです。たとえば自閉症の合併がないダウン症の子に、環境を限定する構造化は不適切でしょう。自閉症のある人でも構造化で自由な思考ができなくなり、ユニークな能力がつぶされることがあると最近わかってきています。

赤ちゃんの親ごさんが最初に望むのは、歩けること、話せること、身辺自立ができることでしょうが、それらは、ほとんどのダウン症のお子さんができることです。ダウン症の子の達成時間は長めですが、人によって必要な時間は違います。早くできるように急かすと、異常な歩行、会話にならない一方的なおしゃべり、そして指示にたよる身辺自立になってしまいます。

人間の脳は、ほかの動物と違ってゆっくり発達します。脳が完成するのはふつう20代後半です。急がせたら発達はゆがみます。ダウン症の人も、おとなになるのは30代とみています。それまで地道にゆっくり

段階をふんでいった子が立派なおとなになるのです。

ダウン症のある子は歩行開始が遅くなります。しかし人は歩くときだけ足を使うわけではありません。良い歩行には、お腹や背中の体幹筋も大事です。ダウン症の子が不自然な歩きをするのは、体幹の筋肉が発達していないことが主な原因です。良い歩行のためには藤田弘子先生の赤ちゃん体操がいちばん適しています。詳しくは65ページに書いています。

言葉は、意思疎通や、思考力を高めるために大事です。ダウン症の人で流暢にしゃべる人はいますが、話が一方的で会話になりにくく、質問の返事がズレていることも多いのです。滑舌が悪い人も少なくありません。でも、これはダウン症の特徴だからと諦めることはありません。言葉指導は74ページに書いています。

ところで、ふつうに近づけたいと願う親心には、健常に産んであげられなくて、という負の気持ちが残っていませんか？　でも、産まれてくる子については人間ごときに責任はないのです。だれにでも得意なことと苦手なことがあります。神童とか天才とか呼ばれる子には得意な面だけに目がいくでしょう。「障がいがある」と言われたら苦手なところばかりが目につくのではないでしょうか。

「療育」とは家庭と社会で生活するための治療と教育のことです。療育の専門家は、一人ひとりに合わせて、さまざまな場面で、どうかかわったらよいかを考えます。生活に支障をきたす苦手面が大きいときには、乗りこえるためのコツを教え、得意なことでカバーするためのヒントをあたえながら、その子に適した援助をしましょう。生活の核となるのは家庭ですから、療育の専門家は、家庭ですることを、親ごさんと一緒に工夫していくことも大事です。

早期療育にも害があることは、半世紀近く前に気づきました。日本の療育の多くは、高速道路のように、脳の回路を一直線に走るトレーニングのようです。日常生活が忘れられると、生活体験で得られる複雑な「脳のバイパス」はつくられません。バイパスがない高速道路で一旦渋滞すると身動きがとれなくなるように、療育にはげんでいたのに発達が停滞してしまう、そういう人はかなりいます。脳のバイパスをたくさんつくるには、親子の無条件の愛情と信頼、日常生活の豊富な体験、感覚と感性、相互コミュニケーション、思考力と判断力、社会性などが育つ環境と豊富な体験が必要なのです。

幼稚園や保育園の先生方から「療育施設では先生方が指示・命令・禁止の言葉ばかりですね。これでは言葉をコミュニケーションにつかうことが身につかないのでは」という疑問もよせられています。療育でよく聞く「刺激」という言葉にも違和感をおぼえます。ふつうは子どもに「刺激をあたえる」と言わないでしょう。「刺激」は単純なので実験につかうには便利です。でも人間の発達に影響するものは、そんな単純なものではないのです。たとえば一般園に行くのは刺激が得られるからとよく聞きます。でも本当は、たがいに影響しあい、自主的に興味をもって行動するといった、人間に必要な多種多様の体験ができる生育環境だから、意味があるのです。

学校や児童デイサービスでは、ふつうの社会で生活することが目的や目標になっていないことがあります。目標が「ひとに迷惑をかけない理想の障がい者」になってはいないでしょうか。

例　「4歳になってミイちゃんは聞きわけが良くなり、育てやすくなってきました」とお母さんから聞きました。赤ちゃんのときから両親は型

おうま乗るの
たのしいよ
（2歳半）

にはめないで育ててこられました。療育はほどほどにして、いろいろなことを経験させ、近所の子と遊ぶなど、ふつうの生活を大事にしてこられました。保育園には早くから通っています。「療育をがんばっているママ友からは、だんだん育てるのが大変になってきたと言われて」と、お母さんはさびしそうに言いました。

例 退行性の難病でお子さんを亡くしたお母さんに幼稚園の先生がおられて、障がいのある園児のことも私に相談されていました。あるとき幼稚園をやめて、障がいのある子にかかわりたい思いから通園施設に移られました。ところが一年で辞めて幼稚園に戻られたので「障がい児を正常に近づけたいという園の考えが辛かったのでは？」と聞くと、「そのとおり」と言われました。

例 就学を前にしてサキコさんのお母さんは、養護学校（特別支援学校）に行くものだと思って疑いませんでした。サキコさんは発達がとてもゆっくりで、言葉はなく、身辺自立も不十分だったからです。自閉症も加わっているようです。ところが就学相談委員で養護学校におられた先生から「養護学校に入学してもかまわないけれど、たぶん新しく学ぶことはなくなりますよ」と言われました。そのひとことでお母さんはハタと気づき、思い直しました。それから7校の特別支援学級を見て、受入れの良かった学区外の学校の支援学級に入学させました。先生方の理解は良く、支援を入れて、ほかの生徒と一緒に活動できるようにしてくれました。中学からは養護学校に行きましたが、お母さんは支援学級の先生のほうが理解してくれた、今は能力が低く見られると言っておられました。サキコさんは成人になりました。言葉は出ていないのですが、作業所でしっかり働いています。

例 就学を前にしたマナちゃんの親ごさん、就学委員会で「お宅のお子さんは特別支援学校に行かないと自己肯定感が下がりますよ」と言われました。でもマナちゃんは賢く、むしろ自己肯定感は高かったのです。先生の話から、特別支援学校に行ったら自己肯定感でなく優越感が助長されそうです。これは良いことではありません。お母さんも就学委員会の話に納得できなかったので、地域の特別支援学級に決められました。入学したらすぐに学校に適応したそうです。

例　通常学級に通っているジュナちゃん。指導のため特別支援学校から来た先生が「支援学校だったら仕切れますよ」と言われました。お母さんは「仕切り屋になりそうだったので、世の中を知らせるためにここに入れたのに」と苦笑しておられました。

例　東京のハルカさんは赤ちゃんから診ていた中学生です。幼いとき「いろいろな療育に行ってみたけど、公園でたっぷり遊ばせるのがいちばん良いとわかった」とお母さんは言っておられます。小学校は地元の通常学級に行き、近所の同級生や上級生と公園でバドミントンを教わったりして遊んでいました。中学をどうするか、いろいろ考えて通常学級に決めました。しばらく通学して、お母さんから「中学の先生のほうが理解してくださって、勉強意欲も高まっています」という報告がきました。そこで、「勉強で不得手なところを先生とよく話しあって、家庭生活に結びつけていくと身につくから、今後かならず役立ちますよ」とお話しました。

例　アスカさんは、赤ちゃんから診ているお嬢さんで、小学校は通常学級に入学しました。同級生とも良い関係で楽しく通学していましたが、運動が苦手で、とくにマラソンが嫌いで吐くこともありました。たまたま見つけた『まるこはマラソンがイヤ』（金の星、２０１０）という本を紹介したら、字が読めるので一人で読んで学んでいました。アスカさんのご両親は勉強を生活や実体験とつないで教えておられます。宿題の書き取りに「馬車」という字があり、私が「馬車ってなあに？」と聞くと「草原を走ってる」と答えて、「これよ」と教科書を見せてくれました。それはスーホの白い馬でした。そ

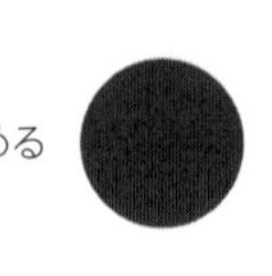

こで「馬車は馬と車の字があるから……」と説明していたら、お母さんがすっと立ち上がってシンデレラの絵本を持ってこられました。「これが馬車よ」と、カボチャの馬車の絵を示されました。アスカさんは単位制の高校に入学しました。高校生になってスマホを買ってもらい、私にもメールで学校のようすを送ってくれます。友だちとラインを始めたら、トラブルになったそうですが、お母さんがメディアリテラシーを教えました。トラブルは教えるための良いチャンスでもあります。

例　ショウタロウ君は21歳になって単語が増えたからと、お母さんが言語指導を希望されたので、近くの総合病院におられる言語聴覚士の先生を紹介しました。以前、喃語が出ないから発語は無理と言われていたダウン症の子が指導を受け、文字をとり入れて教えたら会話ができるようになったことを思い出したからです。レッスンに月一回通って、ノートに書いてもらった日常の定型的な語句を毎日読みあげる作業を続けました。2年もすると文章が言えるようになり、書く力も向上しました。「いつ、だれが、だれと、どこで、なにした、どうおもった」という問いに答える構文の練習もしました。

ダウン症の子は真似するだけ？

バイバイは世界の共通語。バイバイを教えるには、まずやって見せますが、最初は親の真似でも、帰りに自分からバイバイするようになれば、意味がわかっています。帰るときだけでなく、もうイヤとか、注射されそうなときにもバイバイされます。「バイバイしなさい」と指示する親ごさんもいますが、一緒にやれば指示はいりません。

人間は真似からはじまります。動作や言葉を真似ることは、人間だけにあたえられた脳の複雑な機能で

す。独創的なことも真似から始まります。真似によって自他の違いもわかります。

赤ちゃんはまず表面的に真似をして、それから意味をみつけていきますが、ダウン症のお子さんは意味をみつけるのが少し苦手なので、短い言葉をそえて説明してください。おてつだいを真似たら、今やっていることを言葉にしてあげましょう。

真似をしてほしくないことは、幼いときには遠ざけ、年齢が進んだら真似て良いこと悪いことを教えましょう。

乳幼児期にしておくことは

これらは幼児が人として望んでいることです

♡ 無条件の愛　最も基本となるものです

♡ 自由　子どもの心身発達には、干渉されない自由な時間が欠かせません

♡ 空想　空想の世界に羽ばたくことは、多様な可能性を思い浮かべる力を育てます

♡ 現実社会　現実と空想の区別は、社会性の発達につながります

♡ ごっこ遊び　総合的な能力が育まれます

（アリソン・ゴプニック『哲学する赤ちゃん』亜紀書房をもとに）

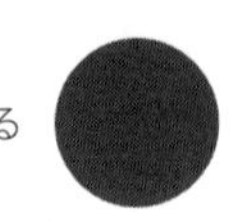

コラム　非認知能力と認知能力とは

「非認知能力」の大切さは、最近、保育園や幼稚園でもみとめられています。非認知能力は、人間が社会で生きていくための基本となる能力で、一生の宝物になります。IQで測れるものではなく、目標の達成、他者との協同、情動の制御といった社会情動的スキルです。伝統的な遊びも非認知能力を育てます。人類は大昔から、人間の子どもが立派なおとなになるには十分な遊びが大切と直感的に気づいて、いろいろ工夫してきたのでしょう。さらにAIの進歩で人間の存在意味が問われるようになったことも非認知能力の価値を高めているようです。

家庭はお子さんの非認知能力を育てる大事な場です。非認知能力は成人になってからも発達していきます。読み書き算数などの認知能力は、非認知能力とあいまって伸びていきます。

ダウン症があると学業が理解しにくいと言われますが、むしろ非認知能力が育っておらず、さらに認知能力が適切に指導されないためとみています。ダウン症にかぎりませんが、保育園や幼稚園でいろいろな遊びを体験しても、家でもしないと身につきません。また、療育の場だけでは非認知能力は育たないでしょう。

トンデモ療育のフェイクを見破ろう

両生類のハイハイという運動をさせて園児を床に押しつけた保育園のニュースがあり、「まだこんなことがやられているのか」とあきれました。ダウン症における姿勢・運動に詳しい理学療法士の先生からも

「ダウン症のような運動発達特性のある子では、長期に残存してしまって困る運動様式なので、絶対にやらせないでください。両生類ハイハイというのはカビの生えた古典的な指導法でまったく無意味です」と言われています。両生類ハイハイという言葉でピンときたのはドーマン法という療育法です。この方法は個体発生が系統発生をくりかえすという粗雑な説から、人間の発達が魚類、両生類、爬虫類、哺乳類の順に進むという誤った進化論の解釈がなされ、運動発達をほかの生物になぞらえて指導されています。ドーマン法はアメリカ小児科学会で警告が3回も出されています。日本でも小児神経科医から「ドーマン法で傷害を受けた子は大勢いるが、治った子はいない」と言われていますし、日本小児神経学会からも批判が出されています。私もドーマン法で重度化したダウン症の子を何人も知っています。非科学的なトンデモ説だからと反対したのに、聞き入れてもらえませんでした。そのほかにも股関節を外した末、亡くなった脳性麻痺の子もいます。

トンデモ療育は数かぎりなくあります。それを見抜くキーワードは「日常生活の重視」です。生活より療育・教育が上と思われていませんか？ 実は日常の生活が最も複雑で脳を活性化させるのです。それに「科学」という言葉に惑わされてはなりません。科学は信じるものではないのです。

切り替えじょうずになるためには

お子さんが、登園や登校の支度をしないでグズグズしていたら、お母さんは朝からイライラしますね。原因は、段取りがわからない、ほかにやりたいことがある（テレビを見るとか）、お母さんが（怒っても）どうせやってくれるからと思っている、体調が悪くてつらい、起立性調節障害（ＯＤ）で朝が弱いなどが

考えられます。ODであれば小児科で治療してもらえます。でもたいていは、ぐずぐずしていればお母さんがやってくれるから、と見抜いているためです。この主体性のなさは大事にされすぎた子に多く、ダウン症があっても同じです。対策としては、ダウン症の子は目から入る情報のほうが耳よりも確かなので、それを利用しましょう。やるべきことの順に、お子さんがやっている姿の写真をとって、壁に貼り、今どれをやっているか、次になにをするのか、指をさして話しあうといいでしょう。話しあいには、おとなが一方的に教えるのでなく、「起きたら何するのかな？（少し待って）歯をみがくね」「つぎは？そう、顔洗うね」などと、納得できるように、ゆっくり進めていってください。わかってきたら、見守るだけにしましょう。それでもやらなかったら「お母さんご飯のしたくするから、やっててね」と離れてください。見ていないほうがやりますよ。できたときには「おー、できたじゃん」程度に軽く声掛けしましょう。褒めすぎると逆効果になりますから。

赤ちゃん体操と抱っこの姿勢

ダウン症があっても体の動きに異常はありません。問題は、筋肉が少なめで、筋緊張が低く、関節がゆるいため、体を支えにくいことです。これらの程度が大きいほど運動発達が遅れますが、知的発達とは直接関係ありません。でも動かないと経験不足になりやすいので、知的発達にも悪影響はおよびます。

皆さんご存じの藤田弘子先生の「赤ちゃん体操」は、つぎのような経緯で誕生したことを、藤田先生からうかがっています。

「1961年から大阪市立大学でしていた障害児研究で、養護学校に行ってダウン症の生徒を調べていたんや。ダウン症の染色体を医学書で見つけて、『これや！』とおもって染色体研究を始めた。染色体診断は治療がないから無意味という声もあったんやけど、科学的事実が大事だからと研究を続け（長谷川も東京で同じことを言われました。もっと後ですが）、学会で発表したら、多くの医師から子どもを紹介され、確定診断を頼まれた。外来で子どもの発達を診て、親ごさんの話を聞きながら、診断後にできることはないかと考え続けた。当時、ダウン症の特徴は、いつまでも筋肉が非常にやわらかく、笑いもせず、ひとに興味も示さないと言われていて、医学書には欠点しか書かれていないし、親ごさんたちは絶望していた。膝をまったくつかわず、脚（あし）のつかいかたは奇妙で、コンパス状の動きが特徴と書かれ、学校や施設で見た青年たちの姿勢・運動・体の変形が乳幼児期すでに芽ばえていることに気づいた。これが年齢を重ねると重度化することもわかった。お母さんたちは、なんにもすることがないのはおかしい、なんかやりたいと言ってくれはった。乳幼児期に変形が出ないようにすれば青年期の姿勢も良くなりハツラツとするのではないかと。遺伝学からいえば、だれにでも生得的にいろいろな知識が組み込まれている。けれど人間は学習しないと行動でけへんから、ダウン症の子も幼少時からふつうの姿勢をとらせればちゃんと学習するはず。ダウン症の子がふつうのハイハイをしないのは、自分で学習する力が弱いためと気づき、その学習をこちらでさせようと正しい姿勢を教えるようにしたら、きれいにハイハイできるようになった。そのうえ、お母さんが一生懸命子どもに声をかけて、顔を見て、話しかけると、人見知りもきちんと出ることもわかったんや」。

藤田弘子先生の赤ちゃん体操は、ダウン症のある子の運動発達を研究されている神子嶋誠先生（いわき医療創生大学、理学療法科）も高く評価されています。

赤ちゃん体操は関節の支持を改善するために、ふだんから脚を開きすぎないことは大事なのですが、体

操が終ると脚を開いたまま抱かれているのをよく見ます。これでは体操の効力は落ちてしまいます。両脚は閉じすぎても股関節には良くないので、脚の開きが自然の位置になるよう気をつけてください。おんぶや抱っこの紐をつかうときも、脚が広がらないのを選びましょう。

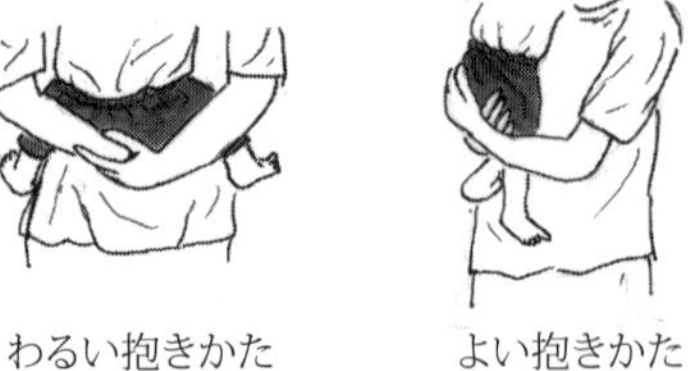

よい抱きかた

わるい抱きかた

身辺自立はいつどのように

ダウン症の子で身辺自立が大きく遅れるということはありません。無理だと思って待っていると、反抗期に入ってやらなくなってしまいます。まず、排泄の自立で考えてみましょう。

一、身辺自立は誰のためにするの？　もちろんお子さんのためですよね。

二、何のためにするの？　トイレでしてくれると、お母さんは楽になりますし、お子さんにとっては、気持ち良く、自由に行動できて生活しやすくなります。それによって、感覚が育ち、達成感が生まれ、自信がつき、責任感も育ちます。お母さんが本当に楽になるためには、お子さん自身が「主人公」になることです。

身辺自立は、生活の基本が一人でできることで、服を脱ぎ着する（着脱）、靴下や靴を脱ぐ・履く、帽子をかぶる、食事をする、排泄をするなどをいいます。ただし技術だけでは本当の身辺自立にはなりません。

気候に合った服を選ぶ、今日はどの洋服がいいか選ぶ、買うとき服を選ぶなども自立には必要です。これらは療育や保育の場ではなくて、家庭で教えることです。

幼い子が服を脱ぎ着するとき、お母さんは黙って脱がせたり着せたりしていませんか。そのとき私はこんなことを言います。「お母さん、着せ替え人形を産んだのじゃなくて、立派な人間の子を産んだのでしょ。脱いだり着たりするのはお子さんのしごと、お母さんのしごとは少し手伝うだけ」。そうして、こう言いながらやりかたを見てもらいます。「さあ服着ようね、右手とおしてね。……ハイ着れた、自分で着れたね」。こうして「自分で着たよ」という気持ちをうながすようにしています。

また、彼らは目から情報を得るほうが得意なので、自分のカッコイイ写真を見ると、やる気スイッチが入りやすくなるようです。

ダウン症のある子も、ちょっとの援助で、たいてい3歳くらいには着脱やトイレットトレーニングがかなり進むはずです。よく歩けなくてもできる子はいます。

トイレットトレーニングを例に、援助のしかたを考えてみましょう。

一、まず、お子さんのようすを観ましょう。

二、身辺自立には感覚が大事です。熱い、冷たいといった温度の違いを手でさわって実感させましょう。おむつがぬれたらすぐ替えること、気候によって衣服を替えることなどが必要です。

三、前もってお子さんの一日の排泄時間を調べて、その時間にトイレに連れていきます。

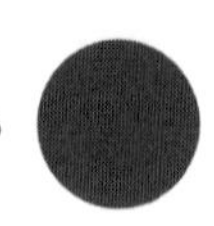

四、トイレに連れていき、座ることに慣れさせます。トイレを恐がらない工夫は大事ですが、気が散らないように、好きなものは置かないほうがよいでしょう。

五、できたときは心地よさを感じるような、「すっきりしたね」といった言葉をかけます。「できたね」「えらかったね」と褒めると、お母さんが喜んでくれる、お母さんのためにトイレに行こうとおもってしまいます。

六、本格的に始める時期は、興味を示し、やりたいという意志や伝える気持ちが出てきたときが適切です。

七、急いだり、いやがってもがんばってさせたりしては、成功から遠のいてしまいます。

八、最初から最後までの一連の動きを少し援助して、毎回同じようにやっていきましょう。

一連の動きとは、トイレに向かう↓ドアをあける↓ドアを閉める（鍵をかける）↓便器のふたをあける↓ズボン・パンツを下げる↓便器に腰をおろす↓排泄する↓ペーパーでふく↓パンツ・ズボンを上げる↓水を流す↓便器のふたを閉める↓（洗面台が中の場合）手を洗う↓ドアをあけて出る↓ドアを閉める↓（洗面台が外の場合）手を洗う。

これらは体でおぼえることなので、生活・遊びなど全ての力が必要です。また、部屋でおまるをつかうよりも、トイレに小さな便座と足のせ台を置くほうがよいでしょう。おまるからトイレに移るのが難しい子もいます。

九、練習中は、お母さんが他に用事をはさんだり、途中で遊ぶ時間をつくってしまったりしないでください。これは大人がトイレに行くときと同じです。

一〇、失敗はまだ完全にできないためなので、叱らないでください。やる気をそいでしまいます。後始末は一緒にしましょう。早くから自分のしたことに責任をとるのも大事です。

一一、じょうずにできることは必要ですが、それ以上に大事なのは、周りのおとなに訴えることができることです。そこをいちばん評価してください。お母さんは、困ったときはいつも、訴えたり相談したりできる人であってください。訴えたり相談したりする力は、おとなになっても大いに役立ちます。

次の方々のお話を参考にしました。
静岡ダウン症児の将来を考える会創設者　河内園子様　静岡ダウン症児の将来を考える会ニュースより
筑波大学附属大塚特別支援学校　高橋幸子先生　中央区てんとう虫乳幼児会座談会より

きちんと食べられるようになるには

摂食の基礎について、多くのダウン症のあるお子さんを生後すぐから診て指導されている、元北九州市立総合療育センター歯科部長、武田康男先生のご説明をもとにまとめました。

咀嚼ができないという訴えは、けっこう多いのですが、咀嚼というのはただ噛むことでないのです。奥歯がはえて噛み合わせができるときが咀嚼のはじまりなのです。ふつうは2歳半から3歳くらいですが、ダウン症の子では3歳すぎになります。正しい咀嚼のためには、離乳食を正しく進めることが必要です。

離乳を始める時期は5か月ころで、ふつうとさほど変わりません（遅くなると自我がはっきりして嫌がることがあります）。姿勢は哺乳時と違い、体を起こして抱きます。首がすわらなくてもしっかり支えれば大丈夫です。

最初につかうスプーンは、くちびるで取りこみやすい「柔らかく、底が浅く、幅が狭いフラットスプーン」です。

まず、離乳前期食をスプーンに少しのせて、顔の正面から浅く入れて、くちびるを閉じて取りこむのを待ってから、そのままスプーンを軽く引いて戻します。このとき、上くちびるや上あごにスプーンをひっかけて食べさせないでください。そうすると舌が出てしまいます。食べさせ方がわからないときは、親ごさんが自分の食べかたを鏡で見て参考にしてもよいでしょう。

スプーンを嫌がるのは新しい感覚に慣れないためです。食べ物をお母さんの指にほんの少しだけつけて口に入れます。まず美味しいことをわかってもらうためです。家族の食事から、刺激がない食べ物をお母さんの指につけて、なめさせるのもよいでしょう。スプーンに慣れるために、ときどきスプーンを試してみます。

食事どきは赤ちゃんだけ別にしないで、できるだけ家族と同じ食卓で楽しく食べさせましょう。これは食育の第一歩になりますし、家庭の一員という気持ちが全員に伝わります。

水分は、食べる前から30分は飲ませないようにします。食事中にあたえると食べ物を流しこんでしまいます。食べ物を口の中にためていても、流しこまないでください。流しこみによって口の機能は発達しにくくなります。

水分は、お茶、麦茶、白湯にします。離乳中に果汁はあたえないでください。

離乳食でも味がついていないと赤ちゃんにも物足りないので、味は必ずみてください。濃い味ではなく、薄味でも旨味のある味つけをしてください。味覚は赤ちゃんでもそれぞれ違います。離乳食をつくる時間がないときは、市販の離乳食を加えてもよいでしょう。

口をじょうずに動かして食べるようになってきたら、今までより少し形のあるものや、ちょっと硬いものを試します。3歳までは、親指と人差し指でつぶれる硬さにしてください。そのときは一口量を今までの半分にしましょう。

お子さんの状態を見て、次のことがあれば、まだ早いので、前の形と硬さに戻してください。

- むせたり喉に詰まらせる。
- いつまでも口の中にためて飲み込もうとしない。
- 口からベーッと出してしまう。

ただし口の中にためたり、外に出したりするのは、遊んでいることもあるので、問題が形や硬さかどうかを見きわめる必要があります。

カミカミをおぼえさせようとして親ごさんがやってみせるのは逆効果です。カミカミは咀嚼と違います。真似で口の機能は向上しません。

間食の習慣はつけないでください。食事のときにしっかり食べることが大事です。間食をすると胃腸の発達にもよくありません。

うどんなど麺類は3歳まであたえないでください。咀嚼できないときに食べさせると丸飲みになります。乳臼歯がはえて、上下の歯が噛みあうようになり、咀嚼ができるようになってきたら、麺類が食べられます。そのときも短く切って丸飲みを防ぎます。うどんの塩分にも気をつけましょう。

水分摂取は、形のあるものを食べることより難しいので、あせらないことです。口に流し込まないで「自

分で飲む」ための援助をします。つかう食器はお子さんが飲みやすいものにします。最初は、支えやすいレンゲや小さなコップ、お椀が飲みやすいようです。子ども用のコップが飲みやすいとはかぎりません。割れないガラスのコップで飲みやすいのもあります。ストローの使用は、できるだけコップで飲めるようになってからにします。食器にくちびるをつけてブクブクをするのは良いことです。ブクブクやっているうちに突然、飲みかたをおぼえます。食べかた飲みかたは、生まれつきもっている力ですから、その発達がゆがまないように手伝えばよいのです。

早くひとりで食べてほしいのは親心ですが、まず正しい食べ方を身につけないと、間違った食べかたが固定してしまいます。遠からずひとりで食べられますからあせらないことです。

食器に手をつっこんでグチャグチャ、でもこれは乳幼児期には必要なのです（「幼い子は汚すのが仕事、親ごさんは片づけるのが仕事」と言われます）。大変ですがちょっとの辛抱です。でも、この時期を楽にすごせるように、床に新聞を敷くなりして工夫をしましょう。

「いただきます」「ごちそうさま」のあいさつは習慣になれば後で楽になります。

食べ物や食器を投げたら目をみないこと。話しかけないで、さっさと片づけましょう。反応しなければ、食事と遊びが分けられていない時期が過ぎたら、けじめをつけられるようになります。食事中は、気が散るものや音は見聞きさせないようにしましょう。

離乳食を卒業してからも、一口量（スプーンの一さじ量、フォークの一刺し量）に気をつけましょう。大きいままだと噛めません。あごの動きもついていけないので丸飲みになってしまうのです。目安はお母さんの親指の半分以下です。それで一口の量を自分の感覚で知ります。卵焼きやパンケーキなどで適量をかじってとらせるのも感覚が育ちます。

この時期からは金属製のスプーンがつかえます。少しくぼんでいてもよいでしょう。幅は、自分で食べるとき適量をすくえるように、ソフトスプーンと同じように狭くて、全体に小さいものを選んでください。歩けるようになったら、配膳や後片づけも一緒にしていきましょう。

気管切開などで食事がしにくいお子さんも、無理だと諦めないで、口に合う形と柔らかさに気を配り、摂食の専門家に指導を受けながら少しずつ進めていけば、いずれ食べられるようになります。

意外な盲点　感覚が育つ体験

感覚は生きていくのに欠かせません。見ること、聞くこと、嗅ぐこと、味わうこと、触れることは五感として有名ですが、そのほかに熱さ冷たさがわかる「温感」、体の位置や動きがわかる「固有感覚」、体のバランスをとる「平衡感覚」もあります。これらの感覚をうける体の部位は一か所とはかぎりません。最近では音を皮膚でも感じるといわれています。それぞれの感覚はおたがいに連携しあい、感覚の豊かさをつくっていきます。

感覚は、人によって少しずつ違いますし、同じ人でも時と場合によって違ってくることがあります。季節や時間によっても変わってきます。好きな色や形、好きな音、好きな味、好きなにおい、好きな感触も人それぞれです。同じ香水や花でもいい匂いと感じる人と嫌な臭いと感じる人がいます。感覚は生まれつきだけでなく、経験によって大きく違ってきます。同じ経験でも感じかたは違ってくるので、感覚というのは奥が深いのです。ダウン症の人たちは、自閉症の合併がなければ、感覚はふつうと変わりません。でも感覚を言葉で表現できないと、なんとなく感じるだけの、あいまいな世界にとり残されてしまいます。

においを感じる「嗅覚」も大切です。嗅覚の発達をうながすことは、日本の療育ではあまりされていないようです。嗅覚は危険を察知し命を助けるために発達したそうです。腐った食べもの、ガス漏れ、毒物、カビなど、においは離れていても気づくので大事な感覚なのです。新型コロナウイルス感染でも嗅覚と味覚の障害が問題になっています。嗅覚は味覚とも関係が深く、鼻炎や副鼻腔炎でにおいがわからなくなると、味もわからなくなり、食欲も落ちます。

「味覚」は、温度感覚や視覚、聴覚、触覚などともつながっています。亜鉛が不足しても味覚は弱まります。

ダウン症のある人（子）に適した言語指導は

息子さんにダウン症がある言語聴覚士の石上志保先生は、ダウン症の人の言語の基本的な問題は「音を正しく聞きとること」「聞きとった音を一定時間おぼえておく力が弱いこと」それに「舌や唇を正確に動かして発音するのが難しいこと」であると言っておられます。注意されても訂正できないのは、聞きとれていないことが多いのです。

ダウン症の人たちに言語指導をするためには、まず、ダウン症としての共通課題と、一人ひとり違う課題の両方をおさえなければなりません。

1．聞きとりと音の記憶の問題に

言葉の聞きとり力の程度を知るために、石上先生はつぎのようなチェックをされています。

＊一音ずつ復唱できるか、単語の復唱ができるか。二語文の復唱ができるか。（一音ならきれいに復唱できても、音が増えると音像が頭の中でぼんやりしてしまい、正しく復唱できなくなることがある）。
＊意味のない語（非語、たとえば、タタ、ヤピ、スオ）が復唱できるか。音を増やすといくつまで復唱できるか。
＊文章を正確に理解せず、わかる単語から想像して、話の内容がズレていかないか（私たちが不得手な外国語を聞くときのように）。
＊「ハサミとえんぴつを取って」などの指示で、２つ以上のものをおぼえていられるか。
＊聞き間違いが多くないか。
＊聞きとれなかった言葉を聞き返せるか。

単語の聞きとりのほかに、苦手なのは「助詞」です。そもそも助詞は短い音なので、すぐ消えてしまって、聞きとりにくいのです。助詞を抜いた文章だけで語りかけていると助詞があることを知らないままになってしまいます。助詞を知らないで意味をとり違えてしまうこともよくあります。

「電話が鳴った」を「電話鳴った」と言ったら「電話が鳴ったね」と言ってあげましょう。助詞を強く言うとおぼえやすいですが、不自然に聞こえてしまいます。

言葉によるコミュニケーションを発達させるためのトレーニングは、

一、言葉を聞く機会を増やす（短い文章で、ゆっくり、はっきり話しかける）。

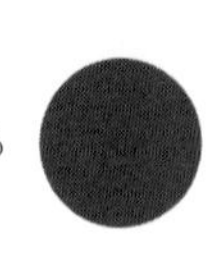

二、復唱する機会をつくる（短い文章のやりとりで正確に返せるように）。
三、書きとりをする。

このような聞きとり練習をして基礎能力を上げれば、自分の力で伸びていけるでしょう。

2. 発音の問題に

ダウン症の人たちの話が聞きとりにくいのは、口の動き、とくに舌や唇をつかう音を出すのが苦手なため、滑舌が良くないからです。周りの人が何度も聞きかえすと、話すのが嫌になります。発音できないので、何度聞きかえしても同じなのです。状況を確認しながら、何について話しているのか聞いていくとか、録音しておいて後でわかったら答えるとか、工夫してみましょう。お子さんの心を傷つけないためには、「ごめんね、お母さん、わからないの」と謝ることです。聞きとりにくいのが早口のせいだったら、聞きとれた部分をゆっくり言って、確認してみてください。文字が書ければ書いてもらうとよいでしょう。

話すことが苦手なため、自己紹介などがプレッシャーになるのであれば、あらかじめ言うことを書いておいたり、発言したことをホワイトボードなどに書いたりして、聞いている人にわかりやすくする工夫をしましょう。こうすれば、わかる喜び、伝わる喜びを感じとれるようになります。

家庭で言葉を育てるには

ダウン症の人はひとの気持ちを読むのが得意で、これは乳児期からみられます。言葉はなくても気持ちが通じあえるので、家庭では何とかなりますが、慣れないところでは困ってしまいます。思春期になり自我が高まっても、言葉でなく行動で伝えようとすると問題行動にされがちですし、学校や仕事での悩みも訴えられないと、独断で解釈されがちです。一方的にしゃべるだけで会話ができないと、友だちもつくりにくいでしょう。人々との交流が大好きなダウン症の人たちが、知りあいや仲間との関係づくりがしにくいのはさびしいことです。より良い生活にも日常会話は重要です。

言葉は、話したい、話すのが楽しいという気持ちから発達します。教えこまれたり、がんばって言わされたりすると楽しくないので、話すのが嫌になってしまいます。

聞く力を育てるには、お母さんやお父さんが、お子さんの言いたいことを先回りせず、じっくり聴くことです。その前に親ごさんどうしがお互いに話を聴くことが必要かもしれません。

赤ちゃんには「言葉のシャワー」をかけてください。言葉のシャワーはよくないという意見もありますが、私たちはそうはおもいません。日本のシャワーは柔らかいので、シャワーを浴びるように「ことばを聞くって気持ちいいな」と感じてもらえます。まだ言葉が出ない子にとって、心地よく包んでくれる言葉は記憶に残るでしょう。それにシャワーは長時間浴びたりしません。

さらに、言葉のシャワーによって、母語の音楽的要素（リズムやアクセント、音の強弱など）も身につきます。ほかにも知られていない効果があるかもしれません。そのため、言葉のシャワーは、お母さんかお母さんの代わりの人だけに決めたほうがよいでしょう。

赤ちゃんの声を家族が真似るのも良いことです。赤ちゃんは自分の声が返ってくるのを喜び、相互コミュニケーションの芽にもなります。赤ちゃんの声を真似たあとで、言いたそうな単語にして返すと、言葉につながっていきます。単語は名詞だけでなく、形容詞や動詞もつかってください。形容詞や動詞は広く

応用できるので、たくさんつかえる子は言葉が広がっていきます。

お子さんが単語で最後の音だけを真似るようになったら、正しい音を何度もゆっくり言ってあげましょう。例えばリンゴを「ゴ」だけ言ったら、「リンゴ」「リンゴね」「リンゴ、おいしいね」「リンゴ、赤いね（黄色いね）」など、実物を見ながら語りかけましょう。そうすれば、自然に果物の「リンゴ」と「リンゴという言葉」がつながります。

赤ちゃん言葉はつかわない親ごさんもいますが、２歳のときに赤ちゃん言葉を多くつかって話しかけた子は、つかわれなかった子より言葉の発達が良かったというアメリカの研究もあります。ダウン症の子に幼児語から変えるのは大変と思われるかもしれませんが、３歳くらいから幼児語とふつうの言葉を同時につかい、幼児語を減らしていけばいいのです。例えば「ワンワン、イヌね」というように。また、おとなになってつかっても不自然でない「ワンコ」「ニャンコ」という言葉を、はじめからつかってもよいのかもしれません。

日本語はオノマトペ（擬音語、擬態語）が豊かな言語なので、幼いときからオノマトペを入れて話しかけましょう。「ハーイ、ボールを投げるよ、ポーン、コロコロコロ……」というように。

読字は脳の視覚処理能、形態認知能をつかうので、ビジュアル・ラーナー（目から学ぶ人）と言われるダウン症の人にとって得意な分野です。文

字は就学前でも単語として生活に入れていいのです。それによって話しことばも豊かになります。家にあるものや家族の名前を書いたカードを貼って、さりげなく読んでいると興味も出てきます。それには市販の文字カードでなく、家族がカードを書くところを見せることで、「書きたい」気持ちも生まれてきます。単語でおぼえるほうが、文字一つひとつを読むより効果的です。皆さんも本を一字ずつ読んでいないでしょう。五十音を先に教えるのは百害あって一利なしです。実物やイメージとつながりにくいですし、五十音は後からつくられたものなので、おぼえる順番として逆なのです。

ひらがなをおぼえたらカタカナを教えているという親ごさんもいますが、文字は何のためにおぼえるのか考えると、これはどうしょうか。カタカナは、いつどこでつかうか判断できていないと、子どもは混乱してしまいます。そして言語発達に支障をきたしかねません。

字に興味が出てきたら、お子さんの言った言葉を書きとるとよいでしょう。それは、自分の言葉がいちばん身近だからです。お子さんが自分で書く気になれば、教えなくても、自分の言葉から文字を書くようになります。毎日、一年間続けたら自分の気持ちが書けるようになってきたと、このやり方をされた学校の先生や言語聴覚士の先生から聞いています。

ダウン症の人たちは漢字が好きです。漢字には意味があるので、一つひ

とつの意味を教えましょう。意味がわからず漢字を書きうつす人を見ますが、もったいないことです。
手話やマカトンの特別なサイン言語は、高度難聴があるか声が出ない子でなければ害になるでしょう。話しかける人の手だけを見ていて、目が合わないから自閉症だと誤診された人もいます。ジェスチャーやボディサインはあくまで話す補助なのです。

発音を聞き取りやすく

よくしゃべるのに発音が悪い人は口や舌の動きが協調しにくいことが原因ですが、言葉にリズムや抑揚がなくても、一本調子で聞きとりにくくなります。言葉のリズムや抑揚をつけるには、話しかけ方が大事ですが、手遊びも役立ちます。手遊びは、親子で楽しみながら非認知能力にも良い影響をあたえます。

読み書きが必要なわけ

静岡ダウン症児の将来を考える会を創設され、市の心理相談員でもある河内園子さんは、何も知らなかった私にたくさんの大切なことを教えてくださり、私が前から療育などで疑問に思っていたことも納得できる説明をしてくださいました。文字を学ぶ意味については、本が読めれば充実した時間が過ごせるし、手紙を書くことで人と交流できると言われました。河内さんの娘さんは本が好きで、とくに宮沢賢治の詩が大好きで暗唱して聞かせてくださいました。

読み書きができれば、山あり谷ありの人生も乗り越えていきやすくなります。職場で自分に合わない処遇だとおもったとき、言葉が達者でも意見は言いにくいのですが、手紙が書ければ意見や気持ちを書いて伝えることができます。これができないので、思いが伝えられず、引きこもってしまう人は多いのではないでしょうか。

学校の勉強は何のため？

小学校で習ったことでおぼえていることは何ですかと、いろいろな方に聞くと、おぼえていないという答えが多いのです。でも、小学校で学ぶことは家庭や社会で役立ち、生活のレベルを向上させるはずです。そこがつながっていないことも、勉強嫌いになる一因ではないでしょうか。

日常生活より学業のほうが上だと信じていませんか。これも早期療育（教育）信奉につながっているようにおもわれます。

勉強には「たくさんおぼえる勉強」よりも「つなげていく勉強」が将来役に立ちます。おぼえるだけでは早く忘れていきます。つなげれば忘れにくく、考える力や判断力にもつながります。

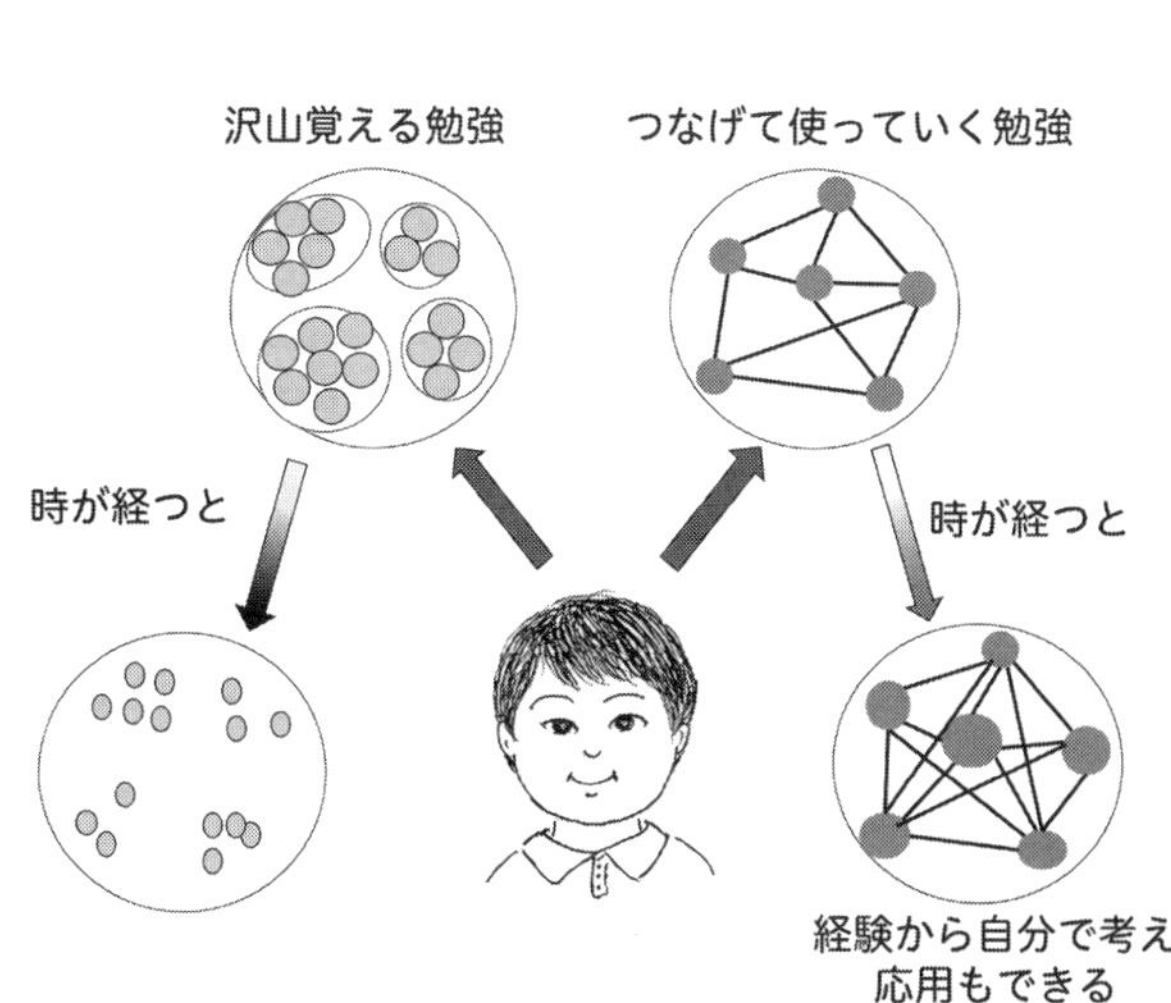

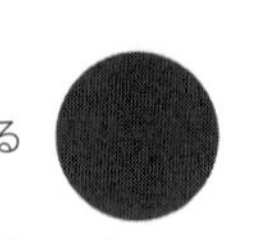

勉強は学校卒業後も必要です。それは決まったことをおぼえる勉強でなく、やりたいことや、やらなくてはならないことを深めていくものです。ダウン症の人も興味があれば、自分で学びを見つけます。好きなアイドルについていろいろ調べている人、坂本竜馬が好きで図書館で調べて年表をつくった人、ドイツの伯母さんからの電話にテレビで学んだドイツ語をつかって「グーテンターク」とあいさつした人、尿酸値が高く飲酒を制限され図書館をつかってプリン体が問題とわかり飲めるお酒が何か薬剤師さんに聞いた人などがいます。興味や関心を無視して勉強を教えても効果はあがらないでしょう。それは私たちも同じです。

どの学校で何が学べる？

学校選択は親ごさんたちの大きな悩みではないでしょうか。学校を選ぶときに雰囲気や直感は大事ですが、さらに具体的なことを先生と話しあう必要があります。ポイントとなるのは、どのように学習が指導されているか、できないことへの援助や友達とのつきあいかたの指導や援助はどうか、さらにどんな上級生がいるのか、一般の子どもたちとの交流をどう指導するか、言葉の指導はどうしているか、年齢相応に関わっているか、などです。

家ではできている身辺自立も学校ではうまくできないことがあります。それは家とやりかたが違うためでしょう。逆に、学校では完全にできても家でやらないことがあります。やりかたに一貫性がないとお子さんは混乱するので、先生とよく話しあいましょう。

忘れないでほしいのは、小学校には6年通うということです。ずっと就学時のままではないのです。環境によって子どもは大きく変わります。子どもは仲間からたくさん学びます。15歳で勉強への関心が芽生えたダウン症の人も、20歳以降に芽生えた人もいます。孔子だって15歳で勉学に励む気になったのですから。

小学校は「将来社会で生活する力」と「生涯学習の基礎」を学ぶところです。学校で理解できないことは家庭生活で補いましょう。それはたとえば、特別支援学校であれば、親ごさんが地域参加を全力でおこなっていくことが必要です。そこをよく考えて学校を決めることが、お子さんの将来を左右します。

学校選択の理由に「手厚くしてもらえるから」ということをよく聞きます。そのときは、どこを「手厚く」されるのか、しっかり聞きましょう。さらに、手厚くして問題が出た子にどう対処されたかも聞いたほうがよさそうです。ダウン症の子は相手の思いを読んで行動する能力が高いので、手厚くされるなら甘えようと直感で行動します。さらに「できないほうが手厚くされる」ことを読みとって、できないふりをします。演技力もなかなかです。こうして入学のときより卒業のときのほうが精神的に幼くなってしまう、そういう人を大勢知っています。

コラム インクルーシブ教育って何？

インクルーシブ教育は障害のある子を通常学級に入れること、そう信じている教育専門家は少なくないようですが、まったく違います。文科省でも誤解されていますが、それは「統合教育」です。

インクルーシブ教育とは統合教育を超えた教育概念で、インクルージョン社会（人種・民族・地域・言語・性別・職業・身分・能力・病気・障害などの偏見・差別や自虐から解放された人間らしい社会）

に向けた民主的な教育です。つまり、「全ての学生・生徒に最善となる教育」なのです。それには「一人ひとりの特性を知って適切な関わりをすること」が必要になります。現在、先進的な民主主義国家ではスタンダードな教育とされていて、世界ダウン症会議（ＷＤＳＣ）でも大きなテーマになっています。

インクルーシブ教育での究極の目標は通常学級への全員就学になります。そのためには学校の先生が今までの意識と発想を変え、専門性を高めるための勉強が必要になります。

通常学級に通っているお子さんはかなりいますが、せっかく入学したのですから、効果を上げたいですね。親ごさんたちの主な目標は、ふつうの社会で暮らすためや、友だちをつくるためという、とても大事なことです。それを学校にきちんと伝え、目標に向けた工夫について、先生とよく話しあいましょう。ほかの生徒たちにはインクルーシブについての説明が必要です。ダウン症があっても一人ひとり違いますから、わが子の姿をきちんと知らせるのはとても大切なことなのです。

ダウン症の国際組織（Down Syndrome International：ＤＳＩ）では、ダウン症がある子どもへのインクルーシブ教育について幾多の研究と検討をくり返し、２０２０年にガイドラインを作成しました。これはInternational Guidelines for the Education of Learners with Down Syndromeで検索すると見られます。

家庭で勉強を教えるには

青森県八戸市の親の会から相談会に呼んでいただいたときのことです。一人のお母さんが「小学校ではずっとなぞり書きだけで、文字が覚えられなくて」と悩まれていたので、こう助言しました「お子さんが言った言葉を家でノートに書いて読みあげたら、興味を示すのでは」。すると、先輩のお母さんがすぐに、「夏休みだから自由研究に入れては」と言われ、ほかの方々も「それは良いアイディア、やってみたら」と後押しされました。

どの学校を選んでも、家庭生活で勉強を補う必要があります。ある小学校の通常学級を訪問したとき、授業で表つくりの学習をしていました。ダウン症のある生徒さんは、表の意味がまだわからないので、「生活の中で表をつかっては」と親ごさんに助言しました。このお子さんは中学のときにパソコン教室に通い、エクセルを学んで、招待状の表がつくれるようになりました。

良い指導をしてくれる塾に通うこともお勧めしたいですが、丸投げはいけません。学習とはあくまで日常生活につなげるものだからです。

それにはまず「興味あることから」はじめることです。まず興味のあることで、関係本を読むとか、体験するとか、いろいろ工夫して、だんだん広げていけばいいのです。また、教科書の順番を守る必要はないのです。苦手なことは後で練習してもかまわないのです。柔軟な対応が必要です。

家事は最高の勉強

勉強を机の上だけでさせられたら飽きてしまうでしょう。教科書やドリルも勉強のほんの一部でしかないのです。いろいろなことが学べて、つながりがわかり、総合的な能力を高めるのは生活体験なのです。たとえば、イチゴを5個ずつ分けるとか、粉を100g量るとかで数や量の基礎を身につけることができ

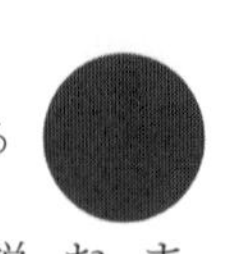

ます。買い物は学びの宝庫で、まず何のために何を買うか予定を立てて、品物を選び、レジでお金を払い、おつりをもらい、自分で運んで、帰ってから品物を分けて片づけ、料理をつくるといった「段取り」を、説明しながら一緒にやっていきましょう。一人で買い物ができるようになると、ダウン症の人は気が利きますから、家でたりなくなっている物を調べて買ってきてくれます。「冷蔵庫に卵がなかったから買ってきたの」というように。余計なものを買ったときや、買いすぎをして困っても、不要な理由を教えてあげればいいのです。

コラム 小学校の先生は教育のプロです

ご存知のように、学校の先生は教育のプロ（プロフェッショナル、つまり広い専門知識と力量をもち、仕事に報酬があたえられる専門職）です。自分の手に負えないと思ったら、その道の専門家（エクスパート）にやり方を相談するのもプロフェッショナルの努めです。先生はプロですから「ほかの学校に行ったほうがいいですよ。専門家が手厚くみてくれますから」なんてド素人みたいなことは言わないでしょう。どうしたら学べるか考えて、さまざまな資料や本を参考に工夫してくださるでしょう。ネットにはいくらでも情報があります。難しい問題にはもつれた糸をほどく「問題解決技法」もあります。子どもに教えられる解決法の本もあります。

先生が忙しいのは確かですが、事務仕事が多くて大変ならば、医療ですでにやっているように、学校専門の事務業をつくってはいかがかとおもいます。

ダウン症の人にこれは難しい、やっても無理

あるある

できないのはダウン症のせい、諦めてるわ。
教えてもわかってない、無理なんだ。
先生から「やっぱり無理ですね」と言われた。
専門家から知的障がいと言われたからどうしようもないよ。

BUT… でもね

ダウン症があってもなくても、人の可能性は計り知れないのです。でも限界はあるでしょう、と思われるかもしれません。もちろんだれでも可能性に限界はありますが、それがどこなのか、人間には見抜けないのです。やってみないとわかりません。やってできなくても、すぐ無理だと早まらないでください。やり方が合っていなかったのかも、進みが早すぎるのかも、

段階をふんでいないのかも、楽しくなかったのかも、などと考えをめぐらせましょう。期待してうまくいかなかったらガッカリするからと、最初から壁をつくってはいませんか。それに、お母さんはお子さんが生まれたときに人生の夢を諦めていませんか。まずはお母さんが夢をなんらかのかたちで実現することが必要かもしれません。わが子を信じるにはまずご自分を信じることです。

どうせできないと思うと実現は遠のきます、それを「予言の実現化」といいます。しかし人間には挑戦しようという意欲と推進力はあります。それはダウン症があってもまったく同じです。できないことを数えあげないで、でも急がせないで、がんばらせないで、まず好きそうなこと、興味があることから手をつけて、一緒にやって、苦手なことは少し援助し、軽く励ましながら、達成感を支えていけば自信もつくので、一人でやってみようかなと思うようになるでしょう。

建設的でない言葉は脳から追い出しましょう。脳にも「断捨離」が必要です。「できないと思いこまない」「できるためにどうするか考えてみよう」と、ひとりごとでつぶやいてみてはどうでしょう。紙に書いて壁などに貼るのもいいですね。こうすれば後ろ向きの考えはしだいに消えていくでしょう。「千里の道も一歩から」です。

お子さんがまだ幼いからわからないと思いこんでいると、時期をのがしてしまいます。言葉がなくても理解はできます。親の会に来ていた一歳前の坊や、お母さんが途中でミルクをつくりに席をはずすと泣きさけびました。でも、お母さんが「ミルクつくってくるから待っててね」と言うと、おとなしく待っていました。まだ戻ってこないかとキョロキョロして泣きそうになったので、そばで「お母さんミルクつくってすぐ来るよ、待っていようね」と言うと、うなずいておとなしく待っていました。お母さんが戻ってく

ると満面の笑みで迎えました。まだ言葉はわかりませんがお母さんに会えた喜びと、待っていられた自分への誇りとで、うれしさいっぱいだったのでしょう。

ダウン症の子は直感がすぐれているので、周りの人が何を言いたいのか見抜きます。わかっていないと思っても、幼いときから親ごさんは説明する癖をつけてください。

家事ができることも人生を豊かにします。ダウン症の子は家事も好きです。早くから家事を一緒にしましょう。子どもは2歳から家事をはじめられるそうですが、ダウン症の子もほとんど同じです。ひとの役に立つことがわかると、やる気も進みます。ひとの役に立つことは自己評価も上げます。

ダウン症の人たちにもそれぞれ夢があります。もちろん実現できそうにない夢はあ

うちでは
風呂そうじ係です

わたし
カフェで
働いています

家業は
お好み焼き屋さん

ります。「アイドルになりたい」というのは難しいかもしれません。でも実現可能な夢はたくさんあるでしょう。ただ夢の実現には努力と持続が欠かせません。そのためにどうしたらよいか、目標に向かって、段取りを一緒に考えていくとよいでしょう。

東京オリンピックが新型コロナウイルスで延期になりましたが、オリンピックと一緒に開催されるパラリンピック、これは障がい者のスポーツ祭典と言われますが、障がい者でもこんなことができるという感動物語であれば、それは差別につながります。むしろ、人間の限界や固定観念への挑戦ではないかと私はみていますが。

例　ハナちゃんが2歳半のとき、お母さんに「親にとって子育ての目標は、将来親が楽になることではないかしら」と言うと、すぐにおてつだいをさせて、卵を泡立てている動画を送ってこられました。それからいろいろな家事を楽しむようになり、小学1年生になると、2歳年下の妹さんといっしょに「おてつだいしたい」と言って何でもやってくれるので、お母さんは本当に楽になったと喜んでおられました。二人でオムライスもつくったそうです。ハナちゃんの役割は卵を割って焼くことです。卵割りは得意だそうです。

また、自分で着る服は引き出しから自分で選ばせるそうですが、合わないコーデのときは注意しているとのことです。幼い頃から自然に身につけていれば、将来、親の年代と同じような服を着たり、ちぐはぐな恰

おてつだいやりたい
泡立て中（2歳半）

好でも平気ということにならないでしょう。

例　ナオコさんは30代、何も言わなくても掃除・洗濯・買い物、料理をしてくれて、「本当に助かる、親も年をとったけど楽になったわ」とお母さんは言っています。やりすぎもあるけれど、それは説明不足のせいとお母さんも反省しています。自分の服は自分で選びますし、一人で買ってくることもあるそうです。

例　東京のテルミさんは生まれてすぐから数年診ていたお子さんで、38歳になって再会しました。立派なおとなになっておられ、とてもうれしくなりました。お母さんは「親が年とってから楽になれるように、育ててきました」と言っておられます。彼女は自分の意見をはっきり言い、ピアノを弾くのが好きでお兄さんの結婚式には演奏してくれたそうです。ケーキをつくるのも好きで、お宅に伺ったときは美味しい人参ケーキをいただきました。今はケーキづくりもする作業所で働いています。

例　静岡のテルミさんは30代、パンやピザをつくる仕事をしています。お店を訪ねたとき、一緒に働いている支援の女性たちは褒めたつもりで「漢字もちゃんと書けるんですよ」と言いました。でも彼女は小学校の通常学級で本の朗読をじょうずにしていたのですから、漢字などお手のものなのです。

例　30歳になったらひとり暮らしをしたいと金澤翔子さんは言っておられました。お母さんは無理ではと思いつつ、思い切って娘さんの希望をかなえてあげようと思いました。きっと泣いて戻ってくるだろうからとおもったら、ひとり暮らしの生活を工夫しながら楽しみ、書道教室などで帰ってきても「ご飯たべてく?」と聞くと、いらないと帰ってしまうそうです。お母さんはうれしいけどちょっと寂しいようです。

例　日本ダウン症フォーラムin静岡というイベントが2005年に開催され、私は実行委員長をつとめ

ました。実行委員は親ごさんたちでしたが、「できない理由はいっさい言わないで、できることはどんな小さくても出す」というルールを決めました。とかく日本人は「できない理由」をひねり出します。このルールを決めると、なんと！親ごさんたちからアイディアがあふれ出てきました。「それは無理、こういう理由だから」というのを禁句にしたら日本もぐっと発展しそうですね。

知的障がいって何？

私が訪問したある小学校で、先生が「知的障がいは」「知的障がいだから」とネガティブ発言を連発されたので、「先生、知的障がいの定義って何でしょうか」と聞くと、「うっ、」と言葉を詰まらせました。定義が決まっていなかったら、会話もトンチンカンになりますね。

知的（発達）障がいとは、知的機能や適応的行動が発達期（たいていは18歳以下）に顕著にそこなわれた状態をいいます。一般に知能テストでＩＱ70より低い値とされますが、学業や生活面を含めるのでＩＱだけでは決められません。文化の違いや劣悪な生活状況、愛着障がい、視覚障がい、聴覚障がい、肢体不自由があるためにＩＱ値が低くなっていれば知的障がいとは言いません。

ただしＩＱは能力の一部だけを検出するものです。ＩＱ自慢をする人は論外ですが、知能にはＩＱで測れないものがたくさんあります。有名なのは教育心理学者ハワード・ガードナーの「多重知能理論」です。これによると、知能は、言語的知能、論理数学的知能、音楽的知能、身体運動的知能、空間的知能、対人的知能、内省的知能、博物学的知能に分けられ、たがいにかなり独立しているとのことです。そのプロフィールには個人差があり、独自の組み合わせがあり、それぞれには感情的な側面があるということです。

ダウン症のある人たちにＩＱ検査は合わないので値が低くなります。でも、この多重知能は全てを多かれ少なかれもっているとみています。ですから適切な教育を受ければ向上するでしょう。多重知能どうしが関連しあえば、生活をより豊かにできると考えられています。

ダウン症の人は知恵おくれと思われていますが、ＩＱでは測れない「知恵の力」は豊かで、むしろ「知恵すすみ」と言いたいほどです。能力をより低く見たら、可能性は閉ざされ、彼らも持ちまえの知恵を悪知恵（年相応でないイタズラやワルさ）だけにつかうようになります。壁は本人でなく、認めない周りの人たちの思いこみにあるのです。

ダウン症の人は動物的本能で感じ行動するが知性は欠如していると言う人もいますが、これは彼らの人間性を否定する、根拠のない最悪のレッテルです。知的障害の意味は知性を欠くことではありません。知性がないと思われると、知性が伸びる環境からはずされてしまいます。ちなみに、ダウン症の人たちの直感は、生命や危険察知の本能よりも、人間関係を安定させるためにはたらくようにおもえます。

例 ある小学校を訪問したとき、「3年生のダウン症の男子生徒が自分の教室から出て行ってしまう」と担任が嘆いていました。だから「支援学校に移ったほうがよいのに」と。ちょうど教室からその子が走って出ていったので「ほらほら」と先生は言われましたが、ようすを観ていると、ほかの部屋でやっている給食の準備を手伝いに行っていたのです。先入観は目をくらませますね。

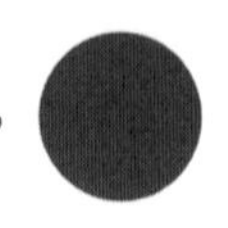

ダウン症のある子には算数や抽象思考は無理？

学業のうちダウン症の子はたしかに算数が苦手です。数字を100以上数えたり、単純計算ができる子はいますが、「数の概念」はたいてい苦手です。学校訪問で算数の授業を見て、理解できない理由がわかりました。具体的な物から数の概念にいたる過程が教えられていないのです。これで無理だと決めつけてほしくないなとおもいました。

この問題に気づいて指導している学習塾はあり、本も出ています。海外では、たとえばスコットランドのダウン症協会から算数・数学を教えるやり方の冊子が出されています。

数の概念が理解できるようになると抽象思考も進みますが、そうでなくてもふだんから意味をわかりやすく説明することで論理思考は向上します。ダウン症があっても人間ですから、幼少時から論理的に考える力は確実にあります。ただ、ほとんどの人はそれを認められた経験がなく、適切な指導を受けていないだけなのです。

日本でも数の概念や抽象思考の教育がされていない人は、障害がなくてもかなりいます。%の意味がわからない大学生も少なくないと言われています。

コラム　スキルとテクニックの重要性

無理と諦めるのは生徒の能力よりも指導にスキルとテクニックが不十分だからでしょう。スキルとテクニックはどちらも「技法、技術」と訳されていますが、実は違うのです。

スキルにかんする説明でわかりやすいのは前ラグビー日本代表のエディ・ジョーンズ氏の言葉です。エディ・ジョーンズ氏はこう語っています。「ラグビーでいちばん重要なのはスキルです。スキルとテクニックの違いを知ることも大切です。日本のコーチはテクニックばかりを教えます。キャッチパスをとっても、どういうパスをどんなタイミングで出すかを教えるのがスキルです」。さらにこうも語っています。「子どもたちにたいして、エンジョイしてもらう環境をこちらが提供しなければなりません。練習の最後に『また来たい』と思わせられるか。この3つの要素、スキル、判断、エンジョイがコーチングのポイントになります」。

スキルがないと愛情や思いやりがあっても諦めになり、ひいては憎しみにも変わってしまいます。虐待の多くはスキルの欠如が大きな要因ではないかとみています。教師の熱意もスキルを学んで身につけないと暴力につながるでしょう。またスキルがあれば自分の限界もわかるので、他の人や専門家に相談しようとする気になるでしょう。

ダウン症の人は不器用

あるある

うちの子ダウン症だから不器用なの。
手が小さい、だから器用じゃないんだね。
ハサミは危ないからさわらせない。

BUT… でもね

ダウン症の子は不器用だからと言うお母さんに「きょうだいより器用な人は大勢いますよ」と言うと、「え、うそ！」とびっくりされます。ではなぜ不器用とおもうのか聞くと、多くの答えは「手が小さい」「ものがうまくつまめない」です。でも、手の大小は器用さと関係ないことです。私の手のほうが小さいですよと比べてみせると、親ごさんたちは困惑されます。

幼い子が指でつまめないのは、運動発達が未熟だからです。いつまでも不器用だったら、それは生活体験が不足しているせいでしょう。いつも誰かが先に手をだしていませんか。ハサミは手でグーパーできればつかえるようになるので、幼児期からつかえます。ハサミも危ないと避けていませんか。ハサミは手でグーパーできればつかえるようになるので、幼児期からつかえます。危ないのは、まだ危険がわからないときに一人でやるからなのです。親が一緒にやり、切ってよいものを教え、幼いときは取れないところにしまえばよいのです。

ダウン症の人たちは指づかいが器用なのに握力が弱いことが多く、それが不利になっています。静岡のお母さんから、スイミングスクールで指導者から「ダウン症の子は握力が弱いから、握力の練習もしましょう」と言われたと聞いて、よくわかっておられると感心しました。学校の体育では握力をつける運動をしていますか。体幹の筋トレと一緒に握力もつけてください。家で握力をつけるには、四つ這いや坂道ハイハイ、大人の手や棒を握った「ぶら下がり」がよいということです。さらに、鉄棒、雲梯、ボルダリングなどを年齢や発達に応じておこなうとよいでしょう。これらは腕や肩の筋肉も増やします。さらに背骨の歪みを防ぐなどの効果もあります。意欲も出るので発達も伸びそうです。雲梯を一つおきに移動する小学生もいます。ぶら下がりを始める時期は、腹ばい姿勢で体を腕で支えられるようになってからが安全です。落ちても怪我をしないように後ろにクッションを

ぶらさがりは大事

クッションで安全に

坂道ハイハイ
おすすめ

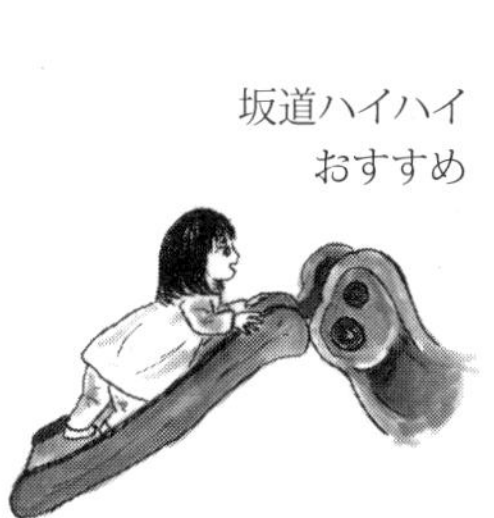

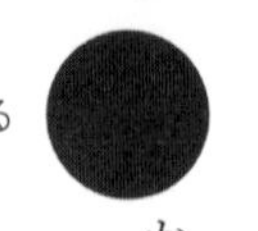

かならず置きましょう。

例　ある町の親の会に行ったときです。ダウン症のある男の子（10か月）のお母さんが「お姉ちゃんより器用なんです」と言われました。この坊やは手をよくつかい、何にでもさわりながら見ていました。食事になったとき、割りばしをつかみました。ふつうなら親は取りあげますね。でもこのお母さんは全然違いました。割りばしを「一緒に割ろうね」と手にとって、息子と一緒に割りました。あ！これが器用さの源泉なんだと納得がいきました。

NG神話 8 ダウン症の人は素直で従順

あるある

うちの子素直だから育てやすいの。
ダウン症の子は素直ですとテレビで言ってた。
うちの子はダウン症なのに素直じゃない。なんで？
小さいときは素直だったのに大きくなったら反抗的になってしまった。

BUT… でもね

反抗的なお子さんは「自分に」素直なのです。人はだれも自我が芽生えると、反抗期がおとずれます。ダウン症のある子にも反抗期はふつうにあります。反抗期がなかったのであれば、表現が控えめだっただけでしょう。ダウン症があってもなくても、いろいろなタイプの子がいます。ひとの心を幼いころから読む子もいますが、ダウン症のある子はそれが得意技で、お

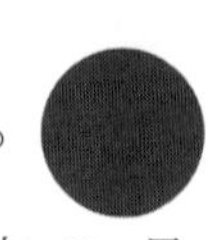

母さんのようすを観察して行動を決めています。言うことを聞いたほうがよいか、反抗したほうがよいか（または面白いか）。反抗したら親が困って気の毒だからおとなしくしているという子もいます。まさに天才です。そう、ダウン症のある子は人への観察力が天才的です。「心が読める天才児を育てるから大変なんですよ」と、親ごさんたちに私はよく言います。

お父さん、お母さんに、幼いころ親に反抗されませんでしたかと聞くと、たいていの方は、しっかり反抗していたことを思い出します。「自由にされていたから反抗しなかった」と言う方もいます。

ダウン症の人に「指示待ち人間」は多く見られますが、これはダウン症の特徴ではなく、その人の性格と親子の関係、それに生活環境からつくられるものです。幼いときには自我が順調に育っていたのに、保育園をやめて養護学校（今の特別支援学校）幼児部から高等部まで通ったら、すっかり指示待ちになった人もいます。賢いお子さんだったので、指示待ちのほうが有利だと見抜いて考える力を抑えてしまい、発達の停滞をもたらしたのでしょう。とても悲しいことです。

ダウン症のある成人で、引きこもりや精神的不調をきたす人たちがいます。これは、幼いときからおとなしく指示待ちだったり、特性に周りが無理解だったり、反抗期があっても、抑える、叱るといった不適切な対応だったりということのツケのようです。周りのおとなが、知的障がいだから脳の働きが単純だろうと、根拠なく思いこんでいると、お子さんからの「助けて」サインは見落とされてしまいます。

思春期になったら性格が変わってきた、これまでのようなイイコでなくなったと心配される声もあります。ご家族にとっては、これまでおだやかだった海面に火山が噴出してきたように感じられるのでしょう。

でもこれはダウン症の二面性ではなく、思春期に特有の変化にすぎないのです。ダウン症の子はふつうと違うと思い込んでいると「問題」になってしまいます。素直だった子が自分をはっきり主張しはじめたり、自分なりの段取りやペースを尊重したい欲求が強くなったりする時期なのに、それを思ってもみない親や専門家が、これも障害だと誤解してしまうのです。

本人にとっては、思春期で自分が変わってきたことはわかるのですが、それが何なのか、自分をどう扱っていいのか見当がつかないのです。この時期はだれでも不安な気持ちがあふれていますから、もやもや、イライラがつのります。そこに理不尽な指示が入ると、納得できないのでテコでも動こうとしません。周りのおとなが、ダウン症の子にふつうの思春期があると思わなければ、また固まった、障がいが重くなったのだろうか、退行だろうかなんて勘ぐってしまいます。本人のほうにも、今まで持ち続けた「良い子」「素直なやさしい子」のイメージを変えることには抵抗があるのです。

ピアサポートをしていたお母さんがこのように説明されていました。「おたくのお子さんはもうヒヨコではないのですよ。トサカが生えてきたのです」。

例　フミヤ君はおだやかな青年で、反抗期がほとんどありませんでした。お兄ちゃんが思春期のころ激しく反抗したのを見て、これはヤバいからやめておこう、お母さんが大変そうだし、と思ったのが理由のようでした。またご両親がフミヤ君の話をよく聞いて、無理にさせることもなかったので、反抗する必要がなかったのでしょう。30歳過ぎて、お母さんはそんなに弱くない、反論しても大丈夫とわかったようで、ここが違うよ、とか指摘したり、主張したりするようになりました。

例　「3歳のころから本当に言うことを聞かない子だった」と、ナオコさんのお母さんはよく話されま

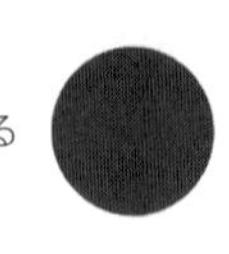

す。「ほかのダウンの子はとても楽で、こちらのやるままに動いてくれた。それなのにナオコは、右に行かせようとすると左に行く子で大変だった」。そこでお母さんは考えました。「この子は私の思い通りにはならないから、説明をしよう」と。ナオコさんは自分で考えて思いをしっかり口に出せるようになりましたし、嫌なことは断ります。遠回しに拒否の言葉を選ぶこともします。問題があるとあの手この手で解決法を考えます。お母さんが子ども扱いするとストレートに怒りましたが、最近はおとなになって無視するようになったようです。ナオコさんは褒めじょうずで、お世辞もなかなかです。お世辞が過ぎると、私は「それってイヤミになるわよ」とご忠告申上げるので、考え直してくれます。今では、お母さんも「とても楽になった、私が疲れたなあとおもっていると、家事万端してくれるの」とうれしそうです。

例　小学校6年生のリサさんは幼いころから自己主張がはっきりしていました。療育はほとんど受けず、生活のなかで多くの経験をかさねて育ててこられました。小学2年生のときは、ほかの人の言葉を反対語辞典のように言うのを楽しんでいました。「かわいいね」と言われると「かわいくないもん」と答えるとか、「窓あけてね」と言うと「窓あけないもん」といったふうに。そこでイジワルして「窓あけなくていいのよ」と言ったら困っていました。どう答えても相手の思い通りになりますから。リサさんが6年生になったとき、診療中お母さんと話している間、外来の一角にあるプレイコーナーで遊びながら、「お母さん、お母さん」と呼びました。お母さんは「いま長谷川先生と話してるから」と返事をするのですが、ちょっと黙ってから、また「お母さん」を連発します。やりとりをゲームにして楽しんでいるようなので、お母さんに「紙に書いて渡しては」と助言すると「お母さんは長谷川先生と話しているから待っていてください」と書いてわたしました。すると「こんなものいらない」と突き返してきましたが、その後はいっさい声をかけてきませんでした。

例　18歳の女性と外来を訪れたお母さんが「この頃、言うことを聞かなくなって困る」と訴えました。「お母さんが10代の頃、親の言うことを聞いておられました？」と聞くと、「え？　何のことですか」とびっくりされました。ご自分と同じとは夢にも思っておられなかったようです。「赤ちゃんから私が診ているダウン症の人は幼いときから言うことを聞かないですよ」と言うと、もっと驚かれました。

例　16歳の男子で、お母さんが「ここが困る、あそこが困る」と困る話ばかりされたので、同伴していた20代のお姉さんに「あなたはどうでした」と聞くと、「私も同じでした。何が問題かわからない」。お母さんは絶句されました。

ダウン症のある人は嘘をつかない？

ダウン症の人は素直だから嘘なんてつかないと思っていませんか。嘘は大きく分けて「白い嘘（ひとを助けるための嘘）」と「黒い嘘（ひとを欺くための嘘）」があると言われます。ダウン症の人は、追いつめられなければ黒い嘘はつきませんが、白い嘘はつきます。また、想像力が豊かで、空想と現実を混同して語ったり、配慮から口を合わせたりするので、嘘をついたと思われてしまいます。

でも嘘は正常な発達の証拠です。ふつう早い子で2歳から嘘をつくそうです。嘘がまったくつけない人は自閉症の度合が強いそうで、そのチェックの一つに白い嘘がつけるか、はぐらかせるかどうかを調べる「オオカミとウサギのテスト」というのがあります。アスペルガー症候群で自閉症スペクトラム度が強くない人は、見え透いた嘘をつきます。

では、ダウン症の人はどうでしょう。成人と思春期の若者にオオカミとウサギのテストをしてみたところ、二人とも、嘘がつけるかどうかをはかる質問に、そっぽを向いて、「しらない！」と言ったり、「フフフ〜ン」と言ったりしてとぼけた返事をしました。これは、本当のことは言いたくないけど、嘘もつきたくないので回答を避けた可能性があります。

嘘をついても責めないで、まず理由を調べることです。気にしなくていいことか、配慮のしすぎからか、叱られるからか、忘れてしまったからか、理由に応じて説明のしかたや教えかたを考えて対処します。空想と現実を混同していることも多いので、そのときは否定せずに軽く対応してください。現実世界が辛くて逃避していたら、周りにどんな問題があるかを調べて、改善しなくてはなりません。

犯罪にご注意

ダウン症の人はたいてい、人の本性を見抜く力があり、警戒心もありますし、戸締りもきちんとします。でも、悪いことをする人は巧妙ですから油断はできません。また性犯罪に遭わないように、情報と対策を知っておく必要があります。幼い頃から女の子は脚を開いて座らないように教え、危険のありそうな場所には行かせないで、GPSや防犯ブザーをつかうなど対策をとりましょう。自分を守るための本や、「レディを育てる　親と支援者たちへ」というインターネットサイトも参考になります。

家に誰もいないときは電話やチャイムが鳴っても出ないことを確認しあってください。チャイムや玄関に注意を書いて貼っておくのもよいでしょう。施設内でも支援者に任せてしまわないで、チェックする必要があります。男子でも被害者になります。ダウン症のある人が性犯罪の加害者になった例もあります。

性教育は早くからしておくことが大切です。

今は恐い世の中だとよく言われますが、凶悪犯罪は昔からたくさんありました。

「イヤ」を大事にしよう

お子さんに「イヤ」と言われると、良い気持ちはしないでしょうが、この「イヤ（ノー）」って、生きるのにとても大事な言葉なのです。そもそもイヤと言えなければ人権が侵害されやすくなります。おとなになって「嫌です。やめてください」と言えなくて、固まったり、引きこもったり、パニックを起こしたりしたら人格も歪んでいきます。そのため、生活の基本となる家庭や学校では、「イヤ」と言われたら止めて、お子さんの気持ちを汲んで話しかけるよう努めましょう。それはおたがいの自己評価を上げる貴重なチャンスでもあります。さらに、「イヤ」という単純な言葉を卒業して、成長して理由を言ってじょうずに断ることができるようにお手本を示すことも大切です。

また、他の人が嫌だと感じる気持ちを汲むことも知る必要があります。ダウン症の人は思いやりがありやさしいのですが、ときに親切すぎて、うっとうしがられるので、ほかの人の思いは自分とちがうことも教えましょう。

NG神話9

ダウン症の人はガンコ

あるある

ダウン症だからガンコだと先生から言われた。トイレに行こうと言うと「イヤっ」て。ガンコで困るわ。同じ絵本ばっかり読みたがる。こだわりが強いのね。行きたくないと固まる。ガンコに動かなくなるの。

私たちが思いをわかってもらえなかったらどうでしょう。そういうときは心を閉ざしたくなりませんか。ダウン症のある人たちも同じです。心を閉ざすと彼らは動かなくなります。まさに抗議活動、ストライキなのですが、周りからは、ガンコだ、こだわりが出て困るなどと思われていないでしょうか。

もう一つ、「ガンコ」とみられる理由があります。それは、かたい信念があって、ひとの意見を聞き入れず、行動を変えないことです。まるで「近所の寿司屋より俺のほうが旨いぞ」とがんばる一途な職人さんみたいです。ダウン症の人の思いを想像すると、「お母さんはそれが良いのだろうけれど、ぼくは良いとは思わない」ということでしょう。「これは息子の美学ですから」と言う、理解あるお母さんもおられます。その息子さんはガンコにがんばったりしないそうです。

ダウン症の人たちがガンとして動かないと、たいていの人は無理やりに動かそうとするので、彼らはますます不信感をつのらせます。幼い頃は素直だったのにガンコになった、ダウン症には二面性があると言われることがありますが、これは明らかなレッテル貼り（偏見）です。和解には、同じ人間としての思いを知ろうとすることからはじめなければなりません。

親が指示や禁止をするのは良かれと思うからですが、「『人のため』と書いて偽と読む」と言われるように、わが子はそれを「うざい」とおもうでしょう。皆さんが思春期のころはどうでしたか。自分もそうだったという方もおられるでしょう。自分と違う反応をするわが子が理解できなくても、世の中いろいろな人がいることを知りましょう。ダウン症かどうかは関係ありません。親子のかかわりかたが書かれた本やウェブサイトはたくさんあります。

ガンコになるのは正常な発達過程です。子どもはふつう2〜3歳になると、こだわりが強くなってガンコになります。それは「理想」に目覚め、「人間としての揺るがない軸」をつくる時期です。軸ができれば安心して、その後はかなりテキトーにしても道を外れることはないでしょう。思春期もガンコになる時期です。心身が変わっていく自分をしっかり留めておくのにガンコさは必要なのです。

いつまでも幼児あつかいされていて、精神的発達が大きく遅れると、年齢に合わないガンコさが出てきます。経験が不足すると、先の見通しができず、不安になり、動けなくなります。ダウン症のある人たちは想像力が豊かなので、空想の世界に逃げこむこともあります。

問題視される行動には、かならず理由がありますが、それが何かわかるとはかぎりません。理由はわからなくても、理由があることだけ納得すれば、気持ちが通じます。

ガンコにみえるときは、たがいに意地を張り合っているのですが、親なども自分もガンコになっているのに気づかないのです。冷静になって引くと、ダウン症の人も柔軟さをとりもどします。

問題を解決する当事者は本人です。親ごさんは応援する立場です。サッカーなら親ごさんはサポーター、息子（娘）さんが選手。サポーターが選手の代わりにボールを蹴ったら変ですね。

わかっているけど忘れてしまうことは、紙に書いて壁などに貼っておくとよいでしょう。「わが子は立派な人間」「主役は息子（娘）」「わたしはサポーター」と書いて貼っている人もいます。

やってよいこと、わるいことを、アメリカでは赤・黄・青の信号で教えるそうです。たとえば、ハグしてよい相手は、青は家族、黄は同性の身近な人（支援員など）、赤はその他の人というように。

ダウン症があっても、頭が固い人と柔らかい人はいます。その違いはなんでしょう。柔らかい人にみられるのは、人間関係の経験が豊かで、視野が広く、考える力が育っていて、自分の気持ちを言葉にできる、失敗したりつまずいたりしても前向きに考えられる、親ごさんがわが子の話をじっくり聞いて理解しようとしていて、気持ちを聞いてくれる、ふだんから親子で雑談をしている、困ったことを親に相談できる、などのようです。ご本人の話をじっくり聞くのは大事です。言葉が出なければ無理と思われそうですが、表情や行動から、言葉がなくても話しあえます。頭が柔らかい人は社会のなかで辛い思いをしても、立ち直る力（復元力、リジリエンス）が育っているので、精神障害にはなりにくいし、なっても早く回復するのです。

例　ダイキ君は小学生のときから登校を拒否していました。その理由を、話ができるようになってからお母さんに語りました。小学校の式典で先生からほかの子が小突かれていたのを見たそうです。自分も小突かれたと。「先生はおとなだろ。口があるだろ。ことばで言えるだろ。学校に行きたくなくなった」。

例　「うちの息子（成人）は本当にガンコで」と訴えてこられたお母さん。そこで「ガンコなのは息子さんだけですか？　おたがいに相手をガンコだと意地の張りあいになっていませんか？」と聞いてみました。次にお会いしたとき、こう報告されました「やっぱり私もガンコになっていました。一歩引いたら、息子もガンコでなくなりました」。

例　20代後半の息子が作業所に行かなくなった、家でも口をきいてくれないという相談をされたお母さん、息子に話を聞くと作業所の対応が相変わらず良くなかったとのこと。お母さんはすぐに作業所に苦情を言いに行きました。でも息子は口をききません。そのときのことをお母さんはとうとう語りました。お母さんの立場だけからなので、一息ついたとき、私が「で、息子はどこにいるの？」と聞くと、「あ、また忘れちゃった！」と我に返りました。あとで息子だけに「お母さん、夢中になると忘れちゃうね。ぼくのことだよって言ったほうがいいよ」と言うと、ニヤッと笑っていました。

しなやかで逞しい心を育てるために

◎たっぷりの、条件をつけない愛情と信頼が子育ての基本。
◎家庭の中心にしない。みんなが家庭の一員。
◎わが子も自分が主人公、家族は応援団。
◎自然に目覚める自我をつぶさないで。
◎場に合った行動を、日常生活で教えよう。
◎善悪を教え、よくないことには毅然とした態度で。
◎小さな失敗を大切に。失敗からの立ち直りが成長につながる。
◎「ノー」をじょうずに言えるようにお手本を見せよう。
◎自分の意見を表現できるように、あせらず待って。
◎ひとの話を聞けるように。まず、わが子の話をじっくり聞いて。
◎思いやりの気持ちを「適切に」表現できるように教えて。
◎ふつうの社会は危険も多い。しっかりわかりやすく教えて。

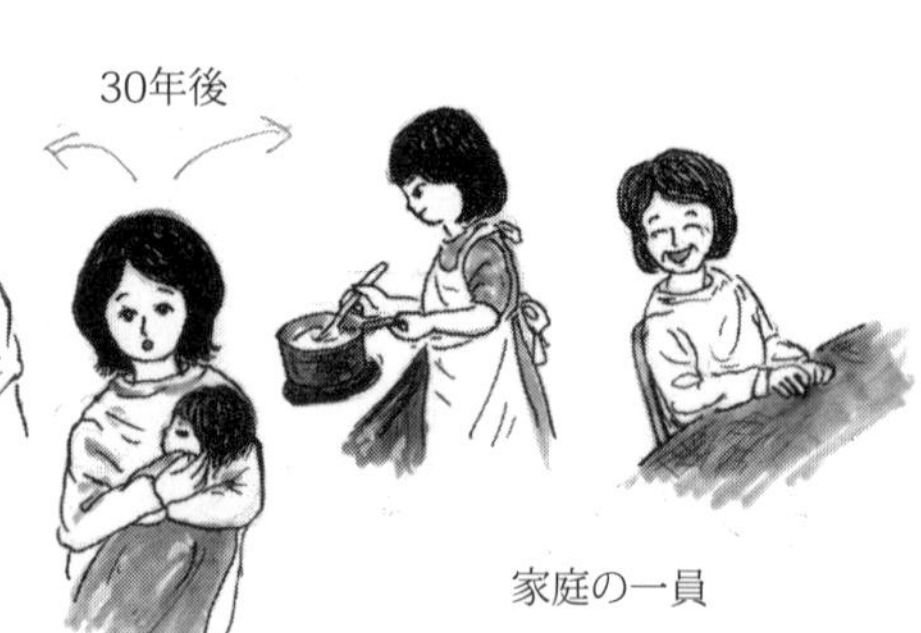

コラム 怒りが湧いてきたら

息子や娘が何度言っても止めないときなど、怒りが湧いてきますよね。そこで怒っても逆効果なのはわかっているけど、怒りがとまらない。でもストレスがたまります。

怒りのコントロールをアンガーマネジメントと言います。アンガーマネジメントというと、日本では怒らないようにするテクニックと思われがちですが、本当は、怒るべきかどうかを判断して、必要であれば感情をむきだしにしないで、じょうずに怒ることなのです。

ポッターエフロン夫妻によるアンガーマネージメントの本に、「健全な怒り」の大切さについて書かれています。これは、親にも、専門家にも、本人にも役立ちます。

健全な怒りとは

怒りは人生の中でごく普通のものとして扱われるものである。

怒りは実際の生活の中で問題が起きていると知らせる正確な信号である。

怒った際の行動は慎重に選ぶ。怒ることが可能だからといって、自動的に怒る必要はない。

怒りとは制御不能にならないよう、ほどほどに表すものである。

目標とすべきは、ただ怒りを表すことではなく、問題を解決することにある。

怒りは他の人が理解できるように明確な方法で伝える。

怒りは一時的なものである。問題がいったん解決されれば、それは消えうるものである。

NG神話10

ダウン症の人は悩みがなく、ストレスもなく、いつも幸せ

あるある

ダウン症の人は悩みがないのね。いつも楽しそう。
高血圧や動脈硬化が少ないのはストレスがないからでしょう。
何を言われても笑ってる、わかってないのかしら。
動物みたいに悩みがないんですよ。

ダウン症の人も悩みやストレスをかかえています。いつも幸せなんて、とんでもない！
彼らの多くはガマン強く、がんばり屋さんで、周りに配慮する人なので、悩みやストレスがないはずはありません。ニコニコしているようでも、内心は煮えたぎっているかもしれません。ダウン症の人たちは、ほかの人を観察し、どうかかわったらよいか考え、一人ひとりに違う態度

で接する能力が高いのです。これはかなりのストレスになるでしょう。やさしく思いやりがあるので、ひとの分まで悩んでしまうことがあります。そのうえ、親を悲しませたくないので、辛くてもニコニコしています。

ちなみに、高血圧や動脈硬化が少ない原因は、筋肉がゆるいためではないかという仮説を立てていますが、まだよくわかっていません。

知的障がいや自閉症のある人は先が読めないと言われます。でもダウン症の人は、先を読みすぎて不安になることがあります。想像力が豊かなことや、感情移入をしやすいことも関係ありそうです。それほどの問題でなくても深刻に悩んでしまうとすれば、そのせいかもしれません。

世の中さまざまな人がいますが、真面目すぎる人は冗談がわからないので、軽い冗談やからかいでも傷ついてしまいますが、ダウン症があっても同じです。「息子はダウン症だから冗談がわからない」と書かれていたのを読んだことがありますが、ダウン症は関係ありません。親子でからかいあっているご家族がありますが「お父さんってすぐからかうんだから、カッコわるいよ」と娘さんはいつも笑いながら軽く受け流しています。

人間関係による強いストレスは適応障害をきたし、精神に不調をきたすことがあります。そうならないようにするには、どんな小さな異変でも見つけたら、すぐに原因をさがし、対処することです。大したことがないだろうと甘くみたり、ニコニコしているから大丈夫なんて放っておくと、悪化が進みます。気にして話しかけたとき、「だいじょうぶ」という答えがかえってきても、これは「どうせわかってくれない

ことができるでしょう。思春期ごろからは親に言いにくくなるのがふつうなので、ご本人が信頼して本音を語れる第三者に頼むほうがよいでしょう。だれでも理解して一緒に考えてくれる人には心を開きます。「家族で解決します」というのはいちばんあぶない。親は問題に直面すると視野が狭まりやすいので、とりかえしのつかないことにもなりかねません。

問題の原因が学校や職場にあり、偏見や差別を受けたら、黙っていてはいけません。意見を言ってもはぐらかされたり、無視されたりしたときは、諦めずに、理解ある人や組織を探しましょう。諦めて放置したりガマンさせたりするのは、わが子を敵にするのと同じです（「沈黙は共犯」エミール・ゾラの言葉）。

だれでも自分が何者かわからないと不安になります。そのためご本人たちも、ダウン症についての説明を受けることは必要ですが、前向きに見ていない人からの説明は逆効果になります。

例 25歳のユーコさんに、お母さんはダウン症について話しておこうとおもって「おなかの中にいるときにケガしたから」と説明しました。するとユーコさんは「お兄ちゃんやお姉ちゃんのときはケガしなかったのに、何で私ばっかり」と怒り、お母さんを責めました。お母さんは困って私に電話してこられました。ユーコさんはお母さんゆずりのしっかり者で、はっきりものを言うお嬢さんです。そこでユーコさんとだけ会って話しました。「おなかの中でケガしたって言われたでしょう」と言うと、不

機嫌そうに「ウン」。「でもそれは間違いなのよ」と言うと、彼女は「え！ そうなの」とびっくり。そこで「でもお母さんが嘘ついたわけじゃないの。ダウン症のこと全然知らない医者の先生が言ったのをお母さん信じてしまったの。お母さんが悪いわけではないのよ」と言うと、ほっとしていました。でも自分だけダウン症なのは嫌だと言うので、「ダウン症で、きょうだいより良かったことは？」と聞くと「ない！」ときっぱり否定。「そう。でもきっとあると思うけど」と言って、用意してきたオシャレなノートに、彼女だけ親ごさんと一緒に行った海外旅行などを書きこみ、「もっとあるでしょう、書いてみたら」と言うと、気分が良くなったようでした。その後、ノートに思いや怒りをたっぷり書いて、頭を整理していました。そのノートは私だけに見せてくれました。

2週間くらいして、突然ユーコさんから「親のことでそうだんあります」というメールが来ました。メールでは会話しにくいので電話すると「お母さんが運転して、話しかけると、怒ってウルサイと言う」という訴えでした。そこでまず、お母さんには「すぐ怒らないで」と言うことにして、彼女には「でも、運転中に話しかけるのは危ないでしょう」と言ったのですが、ピンとこないようでした。そこで、「バスで運転手さんに話しかける?」と聞くと「しない」と答えたので、「それは危険だからでしょ。お母さんも運転してるときはバスの運転手さんと同じ。だから、話しかけたら危険なの」と言うと、一応納得してくれました。

話を進めるときは、その人の生活や性分などを知ってすると、伝わりやすいのです。

ユーコさんは独立心が高く、きょうだいが独立したのがうらやましいと、30代から一人暮らしをはじめました。地域支援を受けながら楽しく生活しておられるそうです。お母さんは、「ユーコを信じて、ユーコの生活と人生を大事にしようと思ったら、自分で考える力が育って、おとなになった」と

言っておられます。

例　フミヤ君は、特別支援学校高等部を卒業して老人施設に就職し、楽しく働いていたのですが、新しく来た同僚に子どももあつかいされ、失礼な言葉をあびせられて、怒りと悲しみをお母さんに訴えました。お母さんは職場に話しましたが埒があきません。このお母さんは息子の意思を大事にしてきた方で、「仕事はどうする？　続ける？　休む？　やめる？」と聞くと、「休む」と答えたので、とりあえず休職しました。そのころからひとりごとを頻繁に言うようになったと、幼いころ診ていた私を訪ねてこられました。外来で「ぼくは30歳だよね。赤ちゃんじゃないよね」と何度も聞いてきました。「もちろんおとなよ。赤ちゃんじゃない」と答え、お母さんには「こう励まして、暴言が頭から抜けるようにしてください」と言いました。実はその前に不安から心療内科に行き、処方された薬をつかっていました。薬の問題は、ＮＧ神話15（合併症）に書いてあります。

その後、老人施設は辞めて就労移行支援事業所に移りました。お母さんに誘われてお宅を訪問すると、元気になっていて、食事に目玉焼きをつくってくれました。「お味噌汁は私よりじょうずなんですよ」とお母さん。でもひとりごとは言っていました。何を語っているのか耳をすませたら、すごいことでした。それは、今の自分と幼い頃の自分との対話で、幼い自分を指導していたのです。外来では、おとなとして話しかけるとおとなの声になり、ほかの小児科医が子どもに言うように話しかけると子どものように答えました。おかげで彼の複雑な内面をかいま見せてもらいました。

例　静岡のハルカさんは小学6年生、支援学級の同級生にいやなことを言われてしょげていました。お母さんは先生に「先生、どうされます？」と聞きました。担任の先生は、「三つのことをします。一つには言ったほうの子に、そういうことを言うとひとが傷つくことを教えます。二つめは言われたほうに、いろいろな人がいることを教えます。そして三つめには、いじめに抵抗する力をつけるように指導します」と言われました。でも「この三つめは、ハルカさんはできていますよ」とも言ってくださいました。小学2年のとき、通常学級の子が通せんぼしたことがあり、彼女は「やめてよ、それ、いじめじゃないの」と言ったことがあります。はっきり口に出せたのは、幼いころから、お母さんが黙っていなかったのを経験していたからでしょう。保育園のとき、男の子から「こわい顔だ」と言われたことがあったのですが、お母さんがそのとき「こわくないよ、やさしいよ」と言い「泣きまねしてごらん」と言いました。その男の子が泣くまねをすると、ハルカさんは心配して頭をなでてくれました。男の子は「ほんとだ！」と納得して、それからは力強い味方になってくれたそうです。

例 22歳のカイト君は「中学生のとき、ダウン症だからっていじめられました」と言いました。家庭で虐待されていた同級生にいじめられて、遅刻して登校したり、教室に入るのを嫌がったりしたそうです。でも、普通学級だったので、小学校から一緒だった仲間たちが、一緒に教室に行ってくれて、先生に告げてくれたそうです。お母さんも、いじめた子を叱ったので、いじめはなくなり、喜んで登校するようになりました。いじめは、弱いとみた子が被害を受けやすいのです。親が後ろにいれば弱者でなくなるので、いじめがいもなくなるのでしょう。

22歳になって、あるとき、お母さんに、「僕は成長しました。ママも僕のことは心配しないで」と言いました。おとなの顔でこう言った息子に驚いて、お母さんは「私はもう何も言わなくていい」と思って、うれしくなったと語っておられました。

例 ヒトミさんは高等部卒業後、パン店に勤めましたが、同僚からいやなことを言われ、通っていたダンスクラブでもいやな思いをしました。なのに、どちらも指導者がフォローしてくれなかったので怒

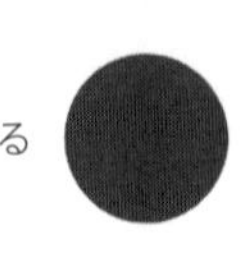

って行くのをやめてしまいました。悩んですっかりふさぎこんでいましたが、映画『アナと雪の女王』の「ありのままで」の歌詞で立ち直ることができました。中学（支援学級）のときに先生から編み物と刺繍を教わって好きになり、続けていたことも救いになりました。手芸が好きな父方母方祖母のお二人から、温かく励まされ、お母さんからの応援も受けて上達しました。ヒトミさんは多趣味で、ほかにもアクセサリーを工夫してつくったり、料理をしたり、絵を描いたり、歌を歌ったり、詩を書いたりしています。地域で個展をひらいたときは、小学校（通常学級）時代の同級生たちが来てくれました。

ダウン症の人どうしは仲が良い、とはいえない

同じダウン症だから仲が良いのは当たり前、と思っていませんか。ダウン症の人は心やさしく思いやりがありますが、相性が良くないことはあります。ジェラシーもあります。親しい友達をめぐって仲たがいすることもあります。責任感が強すぎて仲間から敬遠されている人もいます。だれとでも仲良くしようとして失敗する人もいます。でもこれらはよくあることです。彼らに、だれとでも仲良くしなくてもいいことや、人はみんな違っていることなど、世の中を教えていくことは必要です。なかには、弱いものいじめをしたり、思うようにしないと無理強いをしたりということがあります。それは、たぶん厳しすぎるしつけをされていたり、家庭の中心にいて何でも許されていたり、家族で話しあいをしたことがなかったり、といった社会性の未熟さからでしょう。

ダウン症の人たちが友だちと悩みを語りあい、支えあうのは容易でないので、地域の支援者が友達のよ

うにつきあって相談にものるとよいでしょう。どこでも一人で行けるからと支援を入れていない人も多いですが、だれにでも必要な「グチこぼし相手」がないこともダウン症の人が苦しくなる原因です。親に言えない本音を聞いてもらえる人がそばに必要ですが、そういう人は年齢の近い同性がよいでしょう。異性だと依存から恋愛感情に発展することがあるからです。

ダウン症の人は考えていない

あるある

ダウン症の子は真似ているだけですね。
ダウン症の子には何もかも教えなければならない。
自分で考えたことなのに「どこでおぼえたのかしら」と言われる。
自分で考えてやったのに「誰に教えてもらったの？」と聞かれる。

ダウン症があっても人間ですから、当然考える力はあります。よく考えて行動していても、言葉で表現する力が弱いと、思考力がないと思われてしまいます。彼らの行動に深い理由があっても、気を引くためとか表面的で単純なレベルでみられることもよくあります。

しかし、たとえ言葉がなくても、思いこみを頭から外せば、表情や動作から思いは読みとれるのです。

教育専門家ですらダウン症の子は教えないと何もできないと思いこんでいます。でも、ダウン症の人たちは、教えなくても、テレビや本やインターネットからも多くの情報を得ています。それを自分の頭で考え、適切なときにつかっています。図書館や書店に行って調べる人もいます。もちろん、得られた情報が正しいとはかぎりませんから、誤っていると思われたことは、よく話しあう必要があります。そのためにはふだんから家族で気軽に話しあう習慣をつくっておくことです。

立場を変えて考えてみましょう。私たちが言葉のわからない外国で意見が言えなくて、外国の人から何も考えていないと思われたら嫌ですよね。実際、日本人はそういう誤解を受けていますし、日本でもカタコトで話す外国人はたいして考えていないと思われていませんか。言葉が通じないと誤解されやすいのです。

ダウン症のある人たちにも、幼い頃すでに「思考の芽」が出ています。言葉が育つと、思考も進みます。周りの人が思いこみで先まわりすると、反発するダウン症の人もいますが、たいていは諦めて心を閉ざし、思考の発達も止まってしまいます。指導や指示だけ受けていると、自分で考えてはいけないのだと学んでしまうこともあります。親ごさんなどから「そんなこと考えるかしら」という声をよく聞きますが、目に見えないことはないものと思ってしまうのも人の考えの癖です。「心で見なくちゃ、ものごとはよくみえない。かんじんなことは、目に見えないんだ」と星の王子さまも言っています。

考えて判断する第一歩は、親が決めてしまわないで、選べるようにすることです。最初は二択で、それも、どちらを選んでもよいようにしましょう。こちらを選んでほしいと思うと、ダウン症の人はすぐに気

づいてしまいます。

考える力は理解する力とあいまって発達します。考える力が育つと抽象的なこともわかるようになってきます。ダウン症の人に抽象思考は無理と思われていますが、それは段階をふんで教育されていないからです。

多くの親ごさんからお子さんの学校生活について、相談や苦情を受けたときには、授業を見に行くことがありますが、思考力を育てる教育はほとんど見られません。日本の公教育では抽象概念に向けて段階をふんだ教育も今のところされていないようです。ダウン症のお子さんも、学校だけでなく、家庭や塾や親の会でも教育を担うほうがよさそうです。

ダウン症のある人たちと話をすると、筋を通して考えようとしていることがわかります。これは人間として当然でしょう。また、理不尽なことにも敏感で、解決されないと不安になります。そんなことがわかるはずはないという思いこみが周りの人々にあると、せっかくの能力が発揮できません。

ダウン症のある人の認知（見かた、考えかた）は一般の人と変わりません。自閉症をともなう人もいますが、自閉症だけの人とは対人関係に違いがあるそうです。ダウン症と自閉症スペクトラムの大

「選択」で
人類の知恵は進んだ

主体性を感じると
心も体も脳も
健康になる。

選んだことがない大人は
選びたいのに
選び方がわからず
ストレスにおそわれ
行動が異常になりやすい

きな違いは、ダウン症の人たちは細かい部分より全体をざっくり見ることと、そして共感の特性です。「共感（エンパシー）」とは、「同感・同情（シンパシー）」と違い、自分と違う他者の心を感じ、思いを理解する力で、感情的共感と認知的共感があります。自閉症スペクトラムの人は、ほかの人を理解するための情報処理を必要とする認知的共感力が非常に弱く、そのため、感情的共感力があってもつかえないそうです。それにくらべ、ダウン症の人は感情的共感が強いのですが、認知的共感もみられます。なのに、ほとんどの学校ではダウン症の子への教育が自閉症の子と同じようにされるので、ダウン症の子の発達は停滞してしまいます。

考える力の育成には、指示や命令

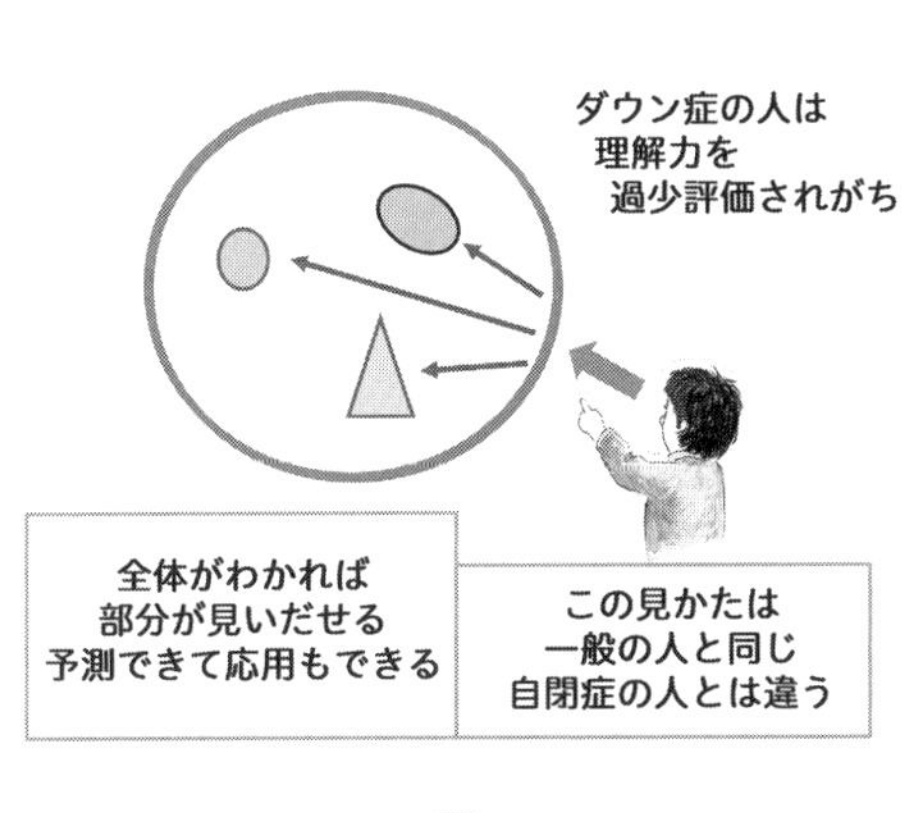

でも
ダウン症のある子や成人は
全体が正しく見えにくいことがある
全体が見えないと
部分も把握できないため不安になる

ではない「情報交換の会話」が役立ちます。雑談や世間話はとても大事です。飛行機のパイロットたちも雑談を貴重な情報交換という「暗黙知の宝庫」とみているそうです。女性が世間話好きなのも子育てに必要だからかもしれないですね。家庭でテレビを観るときにも、内容を説明しながら会話にもっていきましょう。

家族みんながテレビにコメントをしながら観ている成人女性は、私にサスペンスドラマの解説をしてくれました。彼女はニュースもよく観ていて、前に「千葉で大きな地震があったんだって」と言ってきたことがありました。そこでとぼけて、「千葉ってどこ？」と聞いたところ「東京ディズニーランドがあるところだよ」というお答え。お見事です。

ダウン症のある人は考えて結論を出すのに時間がかかるかもしれませんが、一週間、一か月たって、ユニークな解答を出してくれた人もいます。そのあいだ親ごさんは待つ必要はなく、ふつうに生活していればいいのです。

例　「子どもの僕が部屋を歩いている」と息子が言うんです、幻覚ではないでしょうかと30歳になったフミヤ君のお母さんは心配そうでした。彼は職場の同僚に子ども扱いされ、怒りと悲しみをお母さんに訴え、仕事を休んでいました。いろいろ話を聴いて、私はこう解釈しました「おとなになる過程の自分探しではないだろうか」。お母さんにそう言うと、「そういえば、『僕ってなに？』って言ってます」と。このことから、洞察力やメタ認知が育ってきていることがわかります。しかし、幼少時の自分と今の自分がうまくつながっていないのではないかと考え、幼少時からの写真を一緒に見て「子どもの君って、どの写真？」と聞き、そこから現在までの写真を見ながら、成長の段階を話しあってはどうですかと助言しました。お母さんがそのようにすると「子どもの」フミヤ君は目の前から消えました。心には残っていて、「おとな」のフミヤ君が指導しているようです（NG神話10の例）。

例　ナツキさんはテレビの番組を観て、「ええ！ 私って障がい者なの？」と驚きました。「だって障がい者の番組にはいつもダウン症の人が出てくるから」。そしてお母さんに「障がい者って何？」と聞きました。お母さんはこう答えました「できないことがたくさんあって、ほかの人の助けが必要な人のことよ」。それを聞いてナツキさんは考えました「私もできないことがたくさんあって助けてもらってる。でも、私もほかの人を助けてる。だから私は障がい者じゃない」。そして、世の中には大変な思いをしている障がい者がいるようだと考え、お母さんはボランティア活動をしているので、「私もボランティアをしたい」と、お母さんと一緒におもちゃ図書館のボランティアを始めました。聴覚障がいのある人と話がしたいと手話も習いました。

お母さんは、「障がいがあるからやってもらうだけ」は良くない、この人たちのもっている力を発揮できる場をつくりたいと、親の会でのさまざまな集いで、ご本人たちのボランティア活動の場を始めました。重度の障がいがある人も「存在自体が世の中に教えることができる」ボランティアであり、世のためにならない人はいないと言っておられます。

本人ボランティアは、日本ダウン症フォーラムin静岡で大活躍しました。その後、御殿場で開かれた日本ダウン症協会全国大会にも参加しました。

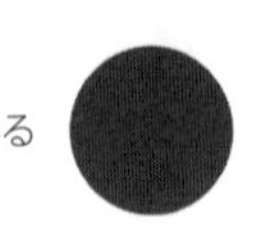

例　ナオコさんは20代のとき、みんなにこう言ってまわっていました。「おやせになりましたね」。こう言うとみんなが喜ぶからサービスのつもりで言ってくれていることがわかり、可笑しくなりました。でも、これはちょっと変なので「あなたねえ、太っている人にそれ言ったらイヤミになるのよ」と言いますと、ナオコさんは黙って考え、その後はいっさい言わなくなりました。

例　利用者の能力を引きだすことで有名な通所施設を何回か訪問したとき、ダウン症のある28歳の女性から相談を受けました。彼女は仕事をきちんとこなし、仕事の過程について訪問者に説明もしてくれます。それまで私は話したことはありませんでしたが、突然、「長谷川先生に相談したいんです」と声をかけられ、びっくりしました。そこで別室で話を聞くことにしました。施設長さんが一緒でもいいですかと聞き、彼女から承諾されたので同席してもらいました。彼女の相談は二つありました。一つは、暴言をはく女性利用者がいて、ロッカールームで言われるのでたまらないという訴え。支援スタッフに言ったのですかと聞くと、言ったけど変わらないということなので、思い悩んで訴えてきたことがわかりました。施設長さんは、しっかり対処しますと言われました。もう一つは朝礼で施設長の話がわからなくて困るという訴えでした。施設長さんには、言葉を選ぶこと、ボードなどに書いて伝えることを提言しました。

考える力を育てるには

ダウン症の人たちが考える力がないと言う前に、健常と呼ばれる私たちについて考えてみましょう。人間には考える力が備わっています。これは乳児期にすでにみられるそうです。この能力が周りから抑えられてしまい、考えないほうが得だと（無意識に）思って、考えないおとなになってしまう。そういう人は少なくないようです。近年、日本人は考えないで覚える教育が主でした。最近は考える教育に方向転換していますが、なかなか進まないようです。親ごさんたちに「学校時代に先生と違う考えが湧いたら質問しましたか」と聞くと、「そんなこと言えなかった」という答えが返ってきます（私は小学校のとき、担任を質問ぜめにして嫌われました）。

もともと人間の脳は大きな可能性を秘めています。たとえば、考えがどうどう巡りになったときには、考えることを止めて、問題を「脳」に放りこんだままにしておくと、脳は自然にはたらいて答えを出してくれます。答えが出てくるのは、お風呂に入っているときや寝起きのとき、散歩のときが多いようです。また、価値がなさそうな言葉や、嫌な言葉は脳に残しておくと悪影響をおよぼすので（それを私は「脳のゴミ」と言っています）、思い切って「脳の断捨離」をしましょう。部屋の断捨離はしても脳の断捨離をしないと、ゴミがどんどん溜まって、グチになり、建設的な考えが出なくなってしまいます。

私たちの脳は本来、体の全ての部位から届いた情報とやりとりしながら、心身を制御する役目があるのですが、脳が体の声を聞かなくなると、独裁国家のトップみたいに思考が硬直しますし、体も不調になります。人の体と脳の関係も民主的なほうが順調に活動できるようにおもいます。もしゴミのような雑念がどうしても除けなければ、専門的な心理療法（とくに認知行動療法）を受けるとよいかもしれません。

覚える教育、考える教育

アクティブラーニングの実践をするという公開授業に出たことがあります。そこに招待された文科省の

官僚がこう言いました。「これからは教師が教える時代から生徒自ら考える時代になります」。おやおや、では先生は何をする人？と考えこんでしまいました。アクティブラーニングは教師を楽にすることではないはずです。先生自身がよく考え、さまざまなことを学び、広い視野と知識と思考力をもって生徒に助言し、話しあいを通じて指導をしなければ、しっかり考えられる生徒は育たないでしょう。生徒も、みんなで話しあう前に自分でじっくり考えなければ、強い人の言葉に影響されてしまうでしょう。

最近、学校にさまざまな専門家やボランティアが入るようになりました。これは大きな前進とおもいますが、日本では、学校全体のチームとしてとり入れるという発想がまだないようにおもわれます。ある中学校で道徳教育に弁護士の方々が授業をおこなっていたのを見学したことがありますが、意図はすばらしいものの、学校の先生方との間にまだ壁があるように感じました。

社会性を育てるには

人間の社会性は乳児期に芽生え、発達していきます。ダウン症があっても同じです。社会性を教育されないと、年齢にそぐわない「変な行動」をしてしまい、周りからは「障がい児だからねえ」と哀れみの目で見られてしまいます。障がいをもって生まれたのは親の責任ではありませんが、社会性を育てることは、親の責任になります。それも親だけでなく、さまざまな人との協力が必要です。

ルールには、家庭生活のルール、スポーツのルール、園や学校でのルール、交通ルールなどがあります。交通ルールは命にかかわり、家庭崩壊にもつながりうるので、幼少時から教えなければなりません。ダウン症の子もルールをおぼえて守ります。教える人はお父さんかお父さん代わりの人がいちばん適しているでしょう。お母さんはあれこれやることがあるので、「これだけ」ということに集中しにくいからです。それに、お父さんはやることが決まっているほうが手がけやすそうです。

ダウン症の人は、ひとが大好きで良い関係をつくりたいと願っていますが、社会性がないと、みんな友だちと思ってしまい、距離感がつかめなくなります。それは人間関係に支障をきたします。一般企業に勤めてもつまずいてしまいます。まず、近所の人や親せきなど身近なおとなにたいする言葉づかいなどをマナーとして教えましょう。周りから「かわいいからいいのよ」と言われても、年齢に合ったマナーを身につけさせたいと言えば、皆さん協力してくれるでしょう。また、いろいろな場に連れていって、つきあいかたを教えるのも必要でしょう。ほかの人を尊敬することも教える必要があります。これらはダウン症かどうかに関係ないことが多いので、きょうだいにも必要です。

コラム　メディアリテラシーを身につけよう

松本サリン事件で河野義行さんの冤罪をスクープしたジャーナリスト下村健一さんは、情報を読み取るときには四つのギモン（疑問）「ソ・ウ・カ・ナ」を呪文として唱え、フェイクニュースを広める「デマ・ウイルス」の感染を予防することを奨励しておられます。

【呪文1】「ソ」ク断するな…「まだわからないよね？」（新しい情報に出合ったら「結論を即断するな」）

【呪文2】「ウ」呑みするな……「報告かな、意見・印象かな？」（事実と印象を混同して鵜呑みにす

るな）

【呪文3】［カ］ タよるな……「他の見え方もないかな?」（一つの見方だけせずに、別の角度から見る。立場や重心や順序を替える）

【呪文4】［ナ］ 力だけ見るな……「隠れてるものはないかな?」（周囲の暗がり、あるいは全体をよく見よう）

その上で、最初のつぶやきに戻って、「まだ分からないよね?」と続報にたいして窓を開いたままにしておきます。このようにして結論を固定せず、情報を簡単に決めつけないことが大切なのです。

NG神話12

ダウン症の人には芸術的才能がある

あるある

テレビで「ダウン症の人たちは芸術性が豊か」と言っていた。ダウン症の人の絵は感性豊かなアートだ。無私無欲の絵だから、そこが良いね。皆同じ色をつかう。障がい者の絵は原色だけだね。

ここで言われる「芸術」「アート」は絵やデザインや演劇をさしています。芸術性は、おそらく、人間だれにでもある能力ですが、表現のしかたは人によって違います。ダウン症があっても一律ではなく、作風や色合いは人それぞれです。それに、ダウン症だから無私無欲とはかぎりません。ダウン症の人も、評価を求めて描く人はいくらでもいます。周りの人がよろこぶ

のがうれしくて、いつも同じような幼い絵を描き続ける人もいます。自分のほうがうまいと思うとテングにもなります。人間らしいのに無欲の絵だというのは周囲の期待にすぎないのです。

「こどものアトリエ　アートランド」主宰の末永蒼生先生は、「芸術性の根源にあるものは人間特有の表現への欲求です」と言っておられます。「表現する、創るという芸術的な環境の中で育てられると、物事への好奇心、観察、そして疑問をもって自分で調べるという知恵が身につきます」。そして、親が言うことをきかせようとして、わが子の考える力をなくしてしまうということが問題なので、「アトリエでは口も手もださないようにして、アートを通し、ゼロから始め、自分で悩み、試行錯誤していくなかで、思考力を育て、自分で自分の行動に責任をもつ力を引き出すようにしています」。以前かかわられたダウン症の少年は、自由な環境のなかで絵を描くようになったら、驚くような表現をするようになり、自信や意欲を身につけ、文字にも興味が出て、書き取りも得意になったそうです。自発的な成長は障がいのあるなしに関係なく、それぞれの個性に応じて広くみられるのです。

表現への欲求には、ほかの絵や工芸を見て「こんなふうに描いてみたい」「こういうのがつくってみたい」という気持ちもあります。絵画教室には、模倣画は独創性がないからだめ、真似してはいけないというところも多いようですが、あこがれた絵というのは心に響いたことですから、あのような絵が描きたい、真似てみたいと思うのは自然な向上心なのです。それを抑えるのは「このレベルに留まっていればいい」と命じられていることなので、アートの力も埋もれてしまいます。それに、真似であっても、そこには自分らしさが出るものです。もし贋作になるほど模倣力があったら、それはそれでまれな才能の持ち主でしょう。

例　ミサさんの描く絵は、発想が豊かでスケールが大きく、色合いもすてきです。お母さんは芸術品を見せようと、幼い頃からデパートの工芸品売り場を散歩されたそうです。ただで何度も見に行けるからと言うしっかりママです。毎夏、自然豊かなところで過ごし、そこで絵も描いています。

例　書道家で有名な金澤翔子さんのすばらしさは、ダウン症にしてはじょうずということでも、無垢だからということでもないとおもいます。翔子さんはあたえられた才能にとどまらず、さらに、ひとりの人間として、向上しようという意欲をしっかりもっておられます。美しい字を書こうという強い意志がありますし、評価を期待されます。鍛えられた質の高い墨書で喜怒哀楽などの自らを力いっぱい表現していて、書を通してほかの人々とつながっていることが、彼女の才能とあいまって芸術性を感じさせるとみています。以前、「ダウン症って知ってる?」とお母さんに言われたとき「うーん、字がうまい人かな」とのお答え。たしかに字がじょうずなダウン症の人は多いです。みなさん文字を形良く書いているので、形態認知にすぐれているダウン症の特性が関係しているのかもしれません。

例　フミヤ君は職場の同僚に嫌がらせを受けたとき、日記をつけていたノートに絵を描きました。それを見たお母さんが「これはひどい、大変だ」とわかってくれたので、すぐに動いてもらえました。絵はいくつかあり、どれも悪魔のような姿の同僚に痛めつけられて泣いている自分でした。迫力たっぷりで、見せてもらって私も胸が苦しくなりました。

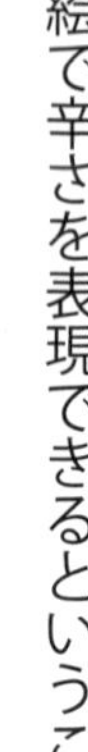

絵で辛さを表現できるということ

絵画は楽しい気持ちを表現するだけではありません。辛いときや、不満があるとき、憤ったときなどに気持ちを描くことで、心が落ち着きます。ほかの人に訴えることもできるので、窮状が救えます。NG神話10にあげた彼らの悩みを、言葉や文章で告げられなくても、絵で表現できます。色づかいからも気持ちを感じとることができます。描いた絵で話しあえば、具体的な問題も見えてくるでしょう。

NG神話13

ダウン症の人はオンチ、歌をうまく歌うことはできない

あるある

ダウン症の息子、カラオケ大好き、でもオンチなの。

偉い先生から「ダウン症はオンチです」と言われているから。

音程がとれない、一本調子で歌っているけど、気にしていないようね。

聞くにたえないけどダウン症だからしょうがないね。

BUT… でもね

ダウン症の人たちって本当にオンチなのでしょうか。皆さん歌うのが大好きで、家族会でカラオケをするとき、歌いたくてウズウズしています。アイドルの新曲もすぐおぼえて歌います。音程がはずれていても、ご本人たちは気にしていないようです。でもこれは、カラオケ画面の歌詞に集中しているためかもしれません。

音程がはずれて聞こえるのは、声の音域が狭いためのようです。これは呼吸や発声にかかわる筋肉の働きが弱いためと考えられます。

ダウン症の人たちは慣れたメロディを聞くと曲名をあてます。だったら、耳で聞いたメロディ、つまり音程の違いはわかっているはずです。何となくわかっていても、正確にはつかめないというのは、さまざまな面でダウン症の人が苦手とすることでもあります。ですから、ゆっくり確実に教えてもらえば、かならず上達するはずです。実際、正しいメロディで一緒に歌うと効果が出ています。合唱で一緒に歌うことで上達したという人もかなりいます。カラオケでお母さんから指導されNHKのど自慢に出た人もいます。その人たちはきれいな声でじょうずに歌っています。楽器で音をひとつずつ出して音を合わせてみるのも、聞いた音と声に出した音を合わせるのによさそうです。ただこういう練習ばかりでは楽しくないので、まず一緒にゆっくり歌うといいでしょう。苦手な音があったら、そこだけを繰りかえし練習すればいいのですから。とにかくレッスンは楽しくすることが大事です。「音楽」というのですから楽しまなくては。

本来「オンチ」とは音楽全般の鈍さを言うそうで、音程だけでなくリズムなども含んだ一種の学習障害と考えられています。一方、ダウン症のある人はたいていリズム感が良く、それはダンスやパーカッション演奏でわかります。メロディから曲名をあてることができる人も多いことからも、ダウン症の人たちは正真正銘のオンチではなさそうです。ダウン症の人の音程も音域も良い指導で正確になります。何も困っていないからいいじゃないと思われるかもしれませんが、ダウン症のある仲間や家族としかカラオケに行きにくくなり、能力も実際より低くみられてしまいます。ほかの人が顔をしかめるのに気づいて歌わなくなる人もいます。一般の人はオンチでも能力全体は低くみら

れませんが、障がいがあると、能力全般が実際より低くみられて損になります。

歌うときには腹式呼吸が必要です。腹式呼吸は特別なものではなく、私たちがふつうしている呼吸だそうですが、腹筋が弱いと呼吸も浅くなります。正しく練習すれば音程がズレにくくなり、音域も広がるでしょう。腹式呼吸はプックリおなかにも姿勢にもよさそうです。カラオケだけでなく、ふだんの生活に家族みんなで楽しく気軽に歌いましょう。

イタリアで音楽療法の指導もしている声楽家の日本女性から、ダウン症の人もじょうずにカンツオーネを歌っていますよと言われました。

言葉は歌から生まれたとも言われます。歌う力は話す力にもつながります。抑揚のない平板な話しかたをするダウン症の人は、以前はもっと多く、ダウン症の特徴みたいに言われていました。でもそれは親ごさんの話しかけが少なかったせいでしょう。生活を忘れ、言語指導だけされていても、自然な抑揚が身につきません。話すとき抑揚がないと、歌うときにメロディをたどれないでしょう。ここでも、日常生活は大切なのです。

例　ダウン症の専門家という方から「ダウン症の人はオンチです」と言われて、「そんなはずはない」とダイキ君のお母さんはおもいました。息子のダイキ君は確かな音程で歌えていました。お母さんは幼いころから、一緒に歌ってきました。その時々に合った生活の歌、季節の歌、山や海の歌、木や草や花の歌、電車の歌など、楽しく口ずさみました。音遊びも楽しみ、途中で転調してみると「最初はとまどったけれど、すぐにできるようになりました」、「私はシロウトだから、一緒に歌を楽しむことだけやってきました」とお母さんは語っておられます。

ダイキ君は今37歳。ギターの先生からボーカル個人レッスンを勧められ、毎週ギター伴奏で歌っています。最近は歌の心や意味を読み込んで、感動をさそう、伝わる歌声になってきたそうです。

例 ショウタロウ君は20代のとき、イタリアで音楽療法を指導している日本人声楽家の方が帰国したときにボイストレーニングを受けました。歌いたい曲は『千の風になって』。ショウタロウ君は幼いころからお母さんにピアノを習っていました。また、発音を言語聴覚士の先生に教わっていたので、弾き語りができるようになりました。言語聴覚士の先生が言葉の指導に行っておられる高齢者施設でもピアノと歌を披露しました。ショウタロウ君は水戸黄門の大ファンで、テーマソングを弾くのが得意。その施設では水戸黄門のテーマも演奏しました。利用者さんたちは喜んで合唱していました。

絶対音感と相対音感は

絶対音感とは他の音と比較することなく、音の高さが何かわかる能力のことで、相対音感とは他の音との比較にもとづいて音の高さをとらえる能力です。絶対音感は進化の過程で動物から受けついできた能力で、人間も生まれたときは絶対音感だけと言われます。相対音感は人間特有の能力のようです。ダウン症の人は、単独の音を正確にとらえているので絶対音感をもっているように思います。相対音感は、メロディで曲を当てるので育っているようですが、練習しないと音を外す人は多いようです。研究されたらおもしろそうですが。いずれにせよ、まだまだ可能性はたっぷりあるでしょう。ちなみに、絶対音感は単語とつながっていて、相対音感はしゃべくりとつながっているという研究もあります。

NG神話14

ダウン症の人は成人になると太る

あるある

ダウン症の子は肥満になると言われた。
まだ赤ちゃんだけど将来太るんでしょう。
たくさん食べるので喜んでいたら肥満になってしまった。
うちの子動くの嫌いなの。

BUT… **でもね**

肥満も万病のもとです。ダウン症があるから太るとは言いきれませんが、肥満の人はかなりいます。そういう人たちはとてもよく食べます。はるかに身長の高い人や筋肉モリモリの人と同じくらい食べています。これで太らないはずはありません。なのに、食べ方の指導はあまりないようです。肥満は、親からの遺伝、家庭での食生活の問題、運動嫌いなどが主な原因で

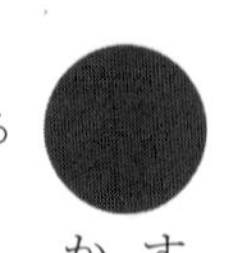

す。ダウン症があっても同じですが、身長が低めで、筋肉が少ないことから肥満になりやすいことはたしかです。

一見太ってないように見えても、内臓だけに脂肪がついていることもあります。内臓脂肪は皮下脂肪より健康を害します。脂肪肝も赤信号です。糖質を減らしたバランスの良い食事と、運動を楽しむことが、肥満と、それから起こる心身の健康被害を防ぎます。体重が減りにくいときは、肥満外来で治療を受けたほうよいでしょう。甲状腺機能低下も肥満につながります。

運動する機会は学校を卒業すると減るので、学校時代に運動の楽しさを知って、生涯続けましょう。

ダウン症のある人が肥満になる原因は、必要以上のカロリー、糖質（食物繊維を除いた炭水化物）の過剰摂取、少なめの筋肉に運動不足、活動意欲の低下、甲状腺機能低下などの代謝異常、それに親から受けついだ肥満体質です。間食や糖質の入った飲みものも赤信号です。ダウン症のある人の身長から、食事量とカロリーは少なめでよいのです。その人に合った食事の献立については、病院や保健所の管理栄養士さんに教えてもらうとよいでしょう。

人の食事は脳でコントロールされます。ダウン症の人も目的を知って食事指導をきちんと受け、正しくコントロールすれば、立派に自己管理できます。彼らのコントロール力はかなりありますから。ある親の会で保健所の管理栄養士さんに本人さんへの勉強会を頼んだとき、缶ジュースの前に角砂糖を九個置くなど、一目でわかるような説明がなされました。家に戻ってから家族に教えて注意をうながした人もいました。

ダウン症の人たちは総じて意志がかたく、目標が決まるとまじめに努力します。成人式に振袖を着てきれいになりたいとダイエットしていたお嬢さんを何人も知っています。きれいなお姉さんになられた成人式の写真がご家族から送られてきました。

このように、ダイエットにあたって、きれいになる、カッコよくなる、好きな服が着られるといった希望や楽しみを目標に話しあうほうが、やせるためにがんばるよりも効果が上がるでしょう。リバウンドにもなりにくいかもしれません。

例　ひとり暮らしで体重が増えた金澤翔子さんはとても気になり、スリムになろうと食事を工夫し、ジムに自ら登録して通い、8キロ減量されたそうです。でも美味しいものは誘惑が大きく、体重維持は難しいようです。ダイエットは誰にとっても一筋縄ではいきません。そこで、具体的な目標をさだめて、一週間の食事計画表を一緒につくって、達成したら、食べ物以外のご褒美を出すといった認知行動療法の方法をお勧めしました。

例　コロコロ太っていた小学生のカズくん。お母さんに飲食について聞くと「水をよく飲みます。水でも太るのでしょうか」と聞かれました。そこで「水だけで太ったら心臓病か腎臓病なので入院して検査したほうがいいですよ」と言うと、実は、水とは甘いジュースのことで、毎日何杯も飲んでいることを白状されました。果物のジュースは酸っぱいので甘味を感じさせるために砂糖をたっぷり入れています。その上、果糖がたくさん入っているので、ダウン症の人たちの健康には最悪です。

運動が苦手な人には

ダウン症の人でスポーツやダンスをしていると注目されるためか、運動嫌いの人は目立たないようですが、実際はかなり多いのです。運動が嫌いだと肥満になりやすく、肥満になると運動が嫌になるので悪循環になってしまいます。幼いときから運動が訓練のためだけで、楽しまなかった人は、学校を出てから自発的に運動をしようとしないでしょう。運動させようとがんばるのは逆効果です。好きな音楽にあわせて踊るとか、家族でスポーツを楽しむことから始めましょう。子どものころから家族でテニスを楽しみ、40歳に近い今もテニスに通っている人もいます。

ただし運動でエネルギーをつかったからと、糖質の多いものを飲んだり食べたりしたら逆効果になってしまいます。

ダウン症の合併症は特殊で専門医師でないと治療できない

あるある

専門の医師でないと無理だと診療拒否された。
薬がふつうの量だったのに具合が悪くなった。
どんな合併症が出るか心配でたまらない。
うちの子重度のダウン症なんです。

BUT… でもね

ダウン症の人たちは一般の人と体質が違うとはいえ、それは少しだけです。差が大きいならば、それは主に生活や社会でつくられたものです。

ダウン症があると合併しやすい病気がありますが、それも、ほとんどない人から多数みられる人までいます。度合いも、軽度から重度までみられます。発症時期も病気によってさまざまですか

ら、かかりつけ医を決めて、定期検診を受けてください。なりやすい病気は本にもネットにも出ていますから、ここでは書きませんが、ダウン症の人の合併症は特殊なものではなく、健常といわれる人もかかりうる病気です。ダウン症と無関係の病気にかかることも当然あります。

早く見つけるには「親の直感」が大事です。「いつもと違う」「何か変だ」「これは副作用ではないかしら」といった直感は、お子さんの命を救います。そのため私も細かく話を聴くように心がけています。お母さんの直感からの訴えで正しい治療ができたことは何度もあります。それを医師に話しても相手にされなかったら、セカンドオピニオンを求めてください。私たちは医学部の授業で、正しい診断のためには、まず患者さんやご家族の話をしっかり聴いて、できるかぎりの病気を考えだす鑑別診断をおこない（ブレインストーミングみたいに）、そこから可能性を絞りこんで、どんな検査が必要かを見出していくようにと教わりました。それに、新しい技術のほうが診断能力が高いとはかぎりません。ＣＴやＭＲＩでわからなくても単純レントゲン写真で見つかる病気もあるのです。

ある市の医師会長から「ダウン症の人の医療は大変でしょうね」と言われたことがあります。そこで「いえいえ、ふつうと変わりません。ただ特性さえ知っていればいいのです。どんな人でも、その人の特性を知って診療するでしょう。ダウン症があっても同じです」と答えました。ダウン症であっても診療の基本は変わらないので、どの医師でもできるはずです。

医師はどんな患者さんにも、まず「標準」の医療を考えます。それに加え、患者さんの特性をふくめて総合的かつ詳細に調べて診断します。特性は一人ひとり違いますから、障がい者（児）医療なんてものは本来ありえないのです。

健康管理は一生必要ですから、近くに、わが子をいちばん理解してくれて、いつでも何でも相談できる「かかりつけ医」をつくっておきましょう。かかりつけ医は、話をしっかり聞き、説明をきちんとして、質問にきちんと答え、わからないことは調べ、自分が専門でなくても良い専門家を紹介し、その専門家が合わないと相談すれば替えてくれる身近な医師です。

良い医療を受けるために、質問したいことはメモ書きにして医師にわたしましょう。そのメモはコピーしておきます。状態とその日時、心配なことを箇条書きにすれば、医師はあなたが何に不安をもっているかもわかります。担当医の説明がものたりなかったら、さらに細かく質問しましょう。医師も人間、受けた質問の真意や状況が想像できるとはかぎりません。もし説明を面倒がったり、嫌がったりしたら、医師を替えたほうがよさそうです。「医師を選ぶことも寿命のうち」という諺もありますから。

医師の診療は患者（家族）との「共同作業」です。良い医療は、患者と家族の背景を知らなければできません。医師と話をする時間がなければ、看護師やほかのスタッフもかかわって、チームで対応するはずです。良医は患者によってつくられる、ということもあります。カリスマ医師や有名な医師が、あなたにとって良医とはかぎりません。

検査や治療のときも、わからないことは担当医にとことん聞きましょう。それに医師はきちんと答えるはずですし、わからなければ後から調べて返事をくれるでしょう。

薬を出されたときは、副作用への注意と対策をかならず聞きましょう。効く薬には副作用があって当然です。副作用は人によって違うので、チェックには親ごさんの役割が大きいのです。医師から「ようすを見ましょう」と言われたら、ようすをどう見て、どういうときに連絡すべきか、詳しく聞きましょう。

検査も治療も、患者であるダウン症のご本人が説明を受けなければなりません。同意を得るにも、でき

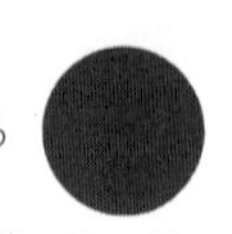

るだけご本人からにします。説明は、親ごさんからだけでなく、医師からもしてもらうと治療関係をつくるのに役立ちます。おとなになって一人で診察に行く人もいます。説明はふだんから家庭でしていれば、難しいことではないのです。親ごさんはお子さんが幼くても説明しましょう。言葉はわからなくても、意図はなんとなく読めますし、自分が尊重されていることもわかります。

例　ユウタ君は1歳半。心臓の手術で入院することになりました。そこは小児病院で付きそいができません。お母さんは、「帰るとき、寝ていてもこっそり帰らないでくださいね。目がさめたとき、だまし討ちにされたと思うから」と私に言われたことを思い出して、「お母さん帰るけどね、また明日来るからね」と毎日帰る前に語りかけました。ユウタ君はけなげにも、泣かないで翌日お母さんを待っていたそうです。退院してから、がまんが弾けてちょっと荒れたそうですが、すぐにおさまって、驚くほどお兄ちゃんに成長しましたと、お母さんは語られていました。

例　40代になって頚椎の関節がずれた男性（これはおそらく関節炎が原因でしょう）、手術が必要となったので、主治医が写真を見ながら、ていねいに説明してくれました。終わると「先生、説明じょうずだったね」と褒めたそうです。医者冥利につきますね。手術の後も入院が続き、けっこう大変だったそうですが、しっかり治療に協力されて、退院したら元の生活にすんなり戻ったそうです。

ダウン症の特徴と症状は同じではありません。たとえばダウン症に共通な顔の特徴も病気ではないので症状とは言いません。特徴の一つは、目が外側につり上がっているように見えることですが、これはむしろ内側に下がっていると解釈したほうが理に合います。ただし、上顎（あご）が小さく、副鼻腔が小さいため、鼻炎や副鼻腔炎になりやすく、中耳炎にもなりやすいことから注意は必要です。

小児科のときは定期検診に通っていても、成人になってから忘れていませんか。ダウン症の成人には甲状腺機能の低下や亢進、尿酸の高値が少なからずみられるので、年一回は必ず内科で検診を受けてください。甲状腺の機能低下は意欲や活動を低下させ、認知症にもなります。機能の亢進では、薬で改善したあとで低下することがあるので、検診をやめてはなりません。

歯科の検診もずっと続けてください。朝起きたらすぐ歯を磨く習慣は、成人になってからの全身合併症を防ぎます。じょうずに磨ければいいですが、そうでなければ後みがきが必要です。おとなになるといやがるでしょうから、歯科の定期検診を頻繁にするとよいでしょう。

ダウン症の人には、なりにくい病気もあります。その一つは川崎病で、発症しても年齢が高めで悪化しにくいのです。川崎病が悪化する要因は免疫の暴走（サイトカインストーム）と考えられています。ダウン症の子には免疫暴走が起こりにくいのかもしれません。川崎病様症状は新型コロナウイルスに感染した子どもで報告されていますが、これも新型コロナウイルスによって免疫暴走がおこった結果のようです。

小児期のアレルギー性気管支喘息もダウン症の子はあまりみられません。ただし感染による喘息性気管支炎はダウン症のある幼い子でよくみられますし、アトピー性皮膚炎や花粉症になる子もかなりいます。細菌による気管支炎や肺炎は、気道の筋肉が少なく緊張が低い幼児期には多く、肺炎になると肺胞がつぶれてくりかえしやすいので、しっかり治さなければなりません。ウイルス感染にはかかりにくいようですが、感染に細菌が混ざると肺炎などが悪化しやすいので、予防接種は必ずしてください。

それから、おとなに多いがんにはなりにくいのです。白血病のような血液・リンパ球のがんにはかかりやすく、若い男性に発症する精巣のがんも少し多いのですが、治療にはよく反応します。がんになりにく

いのは21番染色体にがんを抑制する遺伝子があるためとわかっています。喫煙や受動喫煙に日常さらされていたり、発がん性のある食べものや飲みもの、サプリなどを多く摂っていたり、がんの遺伝的素因をうけついでいたりしていれば、がんを発症し、悪性化することはあります。

ダウン症があると免疫力が低いと言われていますが、そうとはかぎりません。免疫というのはとても複雑な機能です。幼いときは免疫機能が未熟なため感染しやすい子がいますが、4歳くらいからは感染しにくくなります。

動脈硬化と高血圧も少ないのですが、動脈硬化になりにくいからと悪い生活習慣を続けていれば、糖尿病などの重大な健康問題をひき起こすでしょう。

ダウン症が重いか軽いかとよく聞かれますが、ダウン症そのものに重い軽いはありません。それは合併症の影響によるのです。また、育てかたや教育のしかたで能力が抑えられてしまうと、発達の遅れが重くなります。

例　ある療育センターで「この子は重度です」と言われたダウン症の幼児が、私の外来でスチール製のカートの天板を叩いていました。お母さんは悲しそうに「こんなことしかできないんです」と言われました。よく観るとその子はカートを叩いたとき光がサ〜と動くのを見て楽しんでいたのです。重度と思いこまれていて能力が正しく評価されていなかったのが問題だったのです。また、言葉が出ていないだけなのに、ダウン症の専門家だという医療者や教育者から「重度」というレッテルを貼られて、諦められてしまった人はかなりいます。

そのほかの身体の病気にはこのようなものがあります。

21トリソミーの細胞をもつ赤ちゃんで異常な血液細胞がつくられ、TAM（一過性骨髄異常増殖症）になることがあります。ほとんどは自然に消えますが、後から白血病になることもあるので、定期検診が6歳くらいまでは必要になります。この白血病はダウン症のあるほとんどの子が完治します。白血病のような血液の病気は成人になっても起こりえます。疲れやすい、熱がある、皮膚に赤い出血斑があるといった症状がみられたら、かならずかかりつけ医に診てもらい、血液検査を受けましょう。血液に異常がみられないこともあるので、その後も何回か血液検査を受けたほうがよいでしょう。

例　3歳のカンちゃんは熱が出たので、血液検査を受けると白血球が減っていました。ウイルス感染症ではないかと考えられたのですが、お母さんの話からTAMがあったことがわかり、これは白血病ではないかと血液腫瘍科に紹介したところ、骨髄検査で白血病と診断され、すぐに治療に入り、完治することができました。

幼児期に点頭てんかんが起こることがあります。ほとんどは完全に治りますが、長びくことがあるので、てんかんをよく知る小児神経科医に診てもらいましょう。抗けいれん剤にも副作用があるので、ようすがいつもと違っていたらすぐ伝えてください。

けいれん発作が思春期やそれ以降に突然起こることがあります。それは本物のてんかんのことも、精神的ストレスからくることもあります。

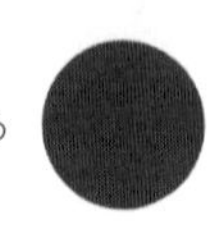

例　発作が薬で止まらなかった15歳の女の子をてんかん専門医に紹介すると、「症状が激しいのに脳波にあまり出ていない、精神的な発作ではないか」と言われました。何でもこなせる子だったので、お母さんがついついがんばらせていたのでストレスがかかっていたようです。お母さんは反省し、生活を娘さん主体にしたところ、けいれんは消えていきました（特別支援学校での発作は後まで残り、卒業したら消えていきました）。

成人のてんかんも早く治療しないと、脳の機能に支障をきたすことがあります。また、薬によっては認知症に進むことがあるので、薬の選択とこまめな副作用チェックが必要になります。

体の不調は、痛みだけでも心の不調につながります。ダウン症の人はガマン強いので、周りの配慮が必要です。言葉数が少なくなったり、動きが減ったりしたら、すぐにかかりつけ医に相談したほうがよいでしょう。初めから心だけの問題と思ってしまうと治療が遅れてしまいます。

感覚器も大事です。感覚器はもともと自分を護るためにあるものですが、人間はそれを発展させてより高度な営みにつかかっています。そんな重要な感覚器ですが、調子が悪くても放っておかれていることがあります。それぞれの感覚器についてみていきましょう。

眼の病気　視覚認知がすぐれたダウン症の人たちにとって視力はとくに大事です。白内障が赤ちゃんで見つかることはよくありますが、視力に影響なければ何もしなくて大丈夫です。ただし成人になって広がることがあります。そのため成人になっても眼科で定期検診を受けてください。手術が必要になるときは、視力や視野が低下する前にしないと回復しにくくなります。症状の詳しい説明がないとか、ダウン症の人で手術経験があまりないとかであれば、慣れている病院に紹介してもらってください。

遠視、近視、乱視なども多いので、定期検診でメガネが必要と言われたら必ずつかいましょう。嫌がっても無理にやらせたり、諦めたりしないで、よく説明し、つけたくなるように工夫してください。

メガネはダウン症の子向けのズレにくいものがあります。

(https://www.wwdjapan.com/articles/1072706)

よくある病気でなくても、何か変だとおもったら、かならず調べてもらいましょう。まぶしさが続いているという幼い子で、眼科で診てもらったら緑内障だったことがあります。緑内障はまれですが、円錐角膜と診断された人もいます。

眼科医も得意分野はそれぞれ違いますが、まずはかかりつけの眼科で相談するとよいでしょう。

耳の病気　ダウン症があると、耳が小さく、外耳道が狭いことが多いので、耳アカがたまりやすく、聞こえが悪くなることがあります。親ごさんが耳そうじをするのは危険なので、耳鼻科できれいにしてもらいましょう。滲出性中耳炎も多いのですが、これは口の中と耳管の狭さが関係します。予防のため口や歯をきれいにしておくことは大事です。難聴がある子もいますが、聴覚だけにとらわれないで、総合的な感覚を大切にしてください。難聴が高度でも、音の振動は感じるので、

メガネをかけると
こんなにちがう

パーカッションを楽しむなど適した音楽療法がなされると、身体感覚も心も育つでしょう。高度難聴であってても補聴器をつかいながら家族がいろいろ工夫し、生活を楽しみ、聴覚以外の感覚や直感がよく育っていた男の子がいました。聴覚支援学校に通いましたが、生活力もあり社会性にすぐれたおとなになっています。彼はジャイアンツファンで、野球の試合を見によく行くそうです。

皮膚の病気　皮膚は全身を保護して、触覚、痛覚、温冷覚、圧覚を感じとります。最近は色や音も感じていると言われます。ですから皮膚のケアはとても大切なのです。ダウン症の人は皮膚も老化が早いと言われますが、手入れをきちんとしている人は若い肌をたもっているようです。幼いときには湿疹やアトピー性皮膚炎になりやすいこともあります。ダウン症の人は皮膚が乾燥しやすく、くちびるが切れやすいので、保湿剤と薬用リップクリームを一日に何回もつけたほうがよいでしょう。治りにくいときは皮膚科で診てもらって、お子さんに合う薬をみつけましょう。

ダウン症の人は紫外線に弱いのです。紫外線は皮膚の早期老化につながるので、強い日差しはUVクリームで防ぐほうがよいでしょう。ただし完全に日光を防ぐとビタミンDが不足するので、夏や初秋の強い日差しでは10分、冬は30分日光にあたる必要があります。子どもは皮膚のターンオーバーが早いので、日焼けにはそれほど心配はいりません。

皮膚の病気も原因を明らかにしないで薬をつかうと悪化することがあります。皮膚炎が急に出たときは、思いあたる食事や触れたもの、ストレス、体調を医師に伝えてください。皮膚は全身と関係が深く、皮膚病と腸内細菌叢の関係も言われています。軟膏で悪化して胃腸の薬で改善した人もいます。亜鉛欠乏が原因のこともかなりあるようです。

命にかかわる合併症にご注意

合併症には、治療が遅れると命にかかわるものがあります。子どものときは定期検診を受けていますし、小児科医なら知るべきことなので、病気は発見して早く治療してもらえます。それでも気になることは遠慮しないで質問して話しあいましょう。

ダウン症の合併症として有名な頚椎の亜脱臼は子どもの10％くらいにみられます。そのため歩行開始前にかならず検査を受けましょう。3歳くらいまでは骨が硬くないので、骨どうしの間隔が大きく見えることがありますが、頚椎の後ろを見ればズレがあるかどうかわかります。症状がないかぎりCT検査はなるべくしないでください。ダウン症があると放射線に弱いことがあるためです。頚椎が少しズレていても運動は必要ですが、してはいけない運動は、でんぐりかえし、水泳で頭からの飛び込み、それにトランポリンのような運動です。トランポリンは足元が不安定なときは危険です。そうでなくても一人でさせないようにしてください。ただし、頚椎が少しズレているからと運動させないでいると、首の筋肉は弱いまま、骨は細く薄くなるので、頚椎はよけいズレやすくなります。

頚椎が大きくズレていたら手術が必要なので、経験豊かな病院で診てもらう必要があります。手術を受けた後も安全な運動であれば続けたほうがよいのです。術後3年して、住んでいる市の水泳代表になって障害者国体に出た人もいます。背泳なので頚の前屈はしないため問題ないのです。

例　サッちゃんは生まれてから順調に育っていましたが、6か月になって便秘がひどくなり、病院で排便をうながすために肛門に指を入れて刺激しようとすると、肛門が小さくて指が入りませんでした。

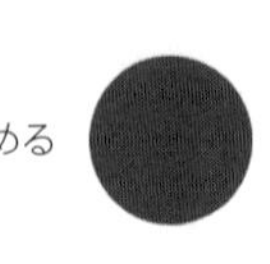

外科に相談すると肛門狭窄とわかり、すぐに入院となり、たまっていた便を全部除いてから手術がされました。肛門閉鎖ならば生まれてすぐわかりますが、肛門狭窄はわかりにくいので、便秘がひどかったら調べてみたほうがよいという教訓をえました。

例　中学生のアラタ君は学校で脚の骨を折りました。連絡を受けてお母さんと電話で話すと、手術を終えてリハビリ中と言われました。医師からは歩行できなくなるかもしれないと言われ、不安そうでした。どんなリハビリがされているのか聞くと、歩く練習だけとのことでした。でも、歩行には脚だけではなく、上半身の筋肉も必要なので、上半身も筋トレしてもらってはと助言しました。上半身が弱いと体が支えにくいので、下半身の負担は大きくなります。これは赤ちゃんが歩く練習と同じです。その後、病院にお見舞いに行くと、アラタ君は車椅子に腕を支えてベッドからピョンと跳び移り、上半身の筋肉が保たれているのがわかりました。骨折が治ったときには問題なく歩き、学校に戻ってからは走れるようにもなっていました。

心の病気は、人との関わりによって軽くも重くもなる

ダウン症のある人たちの心が不調になる主な原因は人間関係をめぐる精神的ストレスです。周りに相談できればすぐに立ち直れるのに、彼らは、がまんにがまんを重ねて、極限までストレスが溜まってしまうことが多いようです。社会性が育っていないために、周囲に適応できず、引きこもる人もいます。

ひとりごとはダウン症の人では珍しくはないのですが、それを統合失調症と誤診されることがあります。わが子がひとりでしゃべっていると、親ごさんは心配になるでしょう。しかし彼らも、私たちと同じよう

に、思いが心に入りきれずにこぼれ出すと、ひとりごとになりやすいのです。自分のなりたい人物を想像したり、空想の友人と語り合ったり、悩みをうちあけたりぶちまけたりします。これには精神安定剤の役目があります。実際の相手よりも話しやすいので、本音が出ています。だから語っている内容をそっと聞いてほしいのです。

実は、私たちもひとりごとを日常やっています。誰もいないと声を出して、やるべきことを言ったり、文句を言ったり、自分を励ましたりすることはよくあります。また、友だちとしゃべるとき、まるでひとりごとみたい、ということはありませんか。

統合失調症は、ダウン症の人にもみられますが、頻度は一般の人と同じでしょう。幻覚や幻聴も、統合失調症であれば、その人の経験や生活と関係ない内容が多く、ほかにも異常があらわれます。ダウン症の人は、追い詰められた経験が幻聴として聞こえることがあります。これはアスペルガー症候群のある人にもときに見られ、統合失調症と誤診されがちです。統合失調症に効く薬をつかって効いたから統合失調症だと診断されることがありますが、その判断は単純すぎます。

彼らの経験や生活状況も一人ひとり違うので、家族の方から細かく話してもらう必要があります。自分を責める声がフラッシュバックのように聞こえることもあります。それが自分の脳から出たイメージか、外から聞こえる現実の声かを判断することは、ダウン症の人にとっては難しいかもしれません。外から責める声が聞こえると思っていたら、本人がその声に反論することを助言するのもいいでしょう。この状態になる人は、生真面目で、心やさしく、挫折からの復元力が弱く、反論が苦手なので、ご家族が反論のしかたを一緒に考えて言葉にするとよいでしょう。ノートなどに書くと、いっそう効果があがります。

精神的な不調に薬（向精神薬）がつかわれることは多いのですが、その前に、本当に薬が必要かどうか

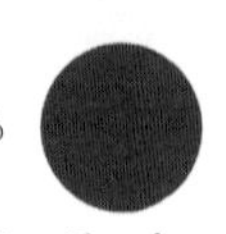

よく考えなければなりません。とくに、生活や人間関係の改善、身体疾患の治療、心理療法などで回復するのであれば、薬をつかわずに経過をみます。薬を始めると依存的になることもあり、薬がないと不安になってしまいます。薬は人によって効果も副作用も違います。とくに向精神薬は副作用と新しい症状が判別しにくいことがあり、慎重に使用しなければなりません。向精神薬をつかうなら一剤から開始します。複数の薬をつかうと効果も副作用もわかりにくいのでつかいかたが難しいのです。処方理由や副作用の十分な説明がないまま複数の薬がつかわれていたら、医師を替えたほうがよさそうです（と、知り合いの精神科医も言っていました）。副作用の有無や出かたが一人ひとり違う理由は、遺伝子の違いや年齢の影響、そのときの心身の状態や周囲の状況などによります。食べものや飲みものも影響しているかもしれません。前には出なかった副作用が今度は出ている、ということもありますから、副作用はいつでも出る可能性があると想定して、ようすが違ったら、すぐに担当医と話しあえるようにしておきましょう。

薬はもともと「毒」です。毒をかいならして薬として治療につかっているのです。薬の作用や副作用については、薬剤師さんが一番の専門家なので、かかりつけの調剤薬局で相談するのもよいでしょう。

例　セイコさんは20代のとき、人間関係とアイデンティティの葛藤から心が不安定になりました。お母さんが精神科に相談に行ったところ「統合失調症でしょう」と言われました。けれどお母さんは直感的に「それは違う」とおもわれ、受診をやめて、心を支えながら生活を変えていったところ、すっかり回復し、おとなへの道を歩みはじめました。

例　職場で同僚からいじめられ、精神的にまいってしまったフミヤ君は、心療内科で、ひとりごとが増えたことから統合失調症と診断され、薬を出されました。薬を飲んでいるとだんだん意欲が低下し、そのうちに放心状態になり、親ごさんは非常に心配して相談に来られました。このようなときに、薬は止める必要がありますが、急に中断すると離脱症状のおそれがあるので、主治医に相談するように言いました。主治医は「飲みたくなければやめていいですよ」とあっさり言い、「でも、もっと薬を増やしたかったけれど」と言ったそうです。お母さんは心配なので少しずつ減らしていきました。フミヤ君は元気になり、理解ある施設長のいる就労移行施設に移り、安心して仕事ができるようになりました。その施設長はこう言っていました。「前にいた通所施設に精神障がいのある人がいて、意欲がないので薬のせいではないかと減らしてもらったら元気が出て、やめたら能力を発揮して施設職員になったのですよ。薬に頼るのは危険とつくづく思いました」。

フミヤ君のひとりごとは続いていますが、それは思考をまとめ、納得するために必要なことでしょう。彼は心のなかに住む住人たちと自由に会話を続け、内省する力がいっそう育ってきました。ただし、ひとりごとで空想の世界に浸ってしまうこともあります。そのとき周囲の人は、あいづちをうちながら、心に寄り添い、さりげなく現実に戻す必要があります。

薬を正しく安全につかうには

薬をつかうときの注意を書きだしてみます。これはどの薬にも言えます。

- 薬は必要なときだけ補助的につかいます。
- 薬は、恐れても、頼ってもよくありません。
- 薬で解決できること、できないことを知りましょう。

- 薬の作用は単純ではないので、単純に判断できません。
- 薬をつかう前に、効果と副作用の説明が必須です。
- 薬の効果も副作用も人によって、環境によって違ってきます。
- 薬の副作用と対処について医師にきちんと聞きましょう。
- 急に中止すると危険状態になる薬があります。
- 薬の減量や中止は必ず医師の指示でおこなってください。
- 市販の薬をなるべくつかわないで（効果・副作用が判断しにくい）。
- ダウン症があると避けたほうがよい薬があります。
- ダウン症があると薬が効きやすいので量は減らします。

副作用にたいしてはとくに次のような注意をこころがけてください。

- 効く薬には副作用があります。複数の組織に作用するからです。
- 想定できる副作用は前もって説明されなければなりません。
- 副作用に身体疾患の可能性がある薬は、服用前にその病気の有無を検査する必要があります。
- 副作用が出ているかどうか、検査を定期的にする必要があります。
- 副作用が出たら、続けるか、減量するか、薬を変えるかを考えて方針を立てます。
- 副作用が出たら医師の指示で早く正しく対処する必要があります。
- 医師が副作用に気づかないこともあるので、身近な人から伝えてください。
- 服薬中は、親ごさんなど身近な人が、ようすを日々注意してください。

・効果がなく副作用だけ出てくる場合は減薬や中止が必要です。
・副作用を気にしない医師は替えたほうがよさそうです。

NG神話16

ダウン症の人には特別な食べものや飲みもの、サプリが必要

あるある

わが子の発達が良くなる特別な食べもの、飲みものはないか。
発達が良くなるサプリがあるそうよ。
プロテインを飲ませたら筋肉ができるって。
カルシウムサプリで骨をしっかりさせたい。

ダウン症があるからといって、特殊な食べものや飲みものが必要ということはありません。農水省のホームページに書かれている食育基本法の説明にあるような食育の基礎はダウン症があっても同じです。

食べものの好き嫌いはだれにもあります。まず原因を調べましょう。色がイヤ（緑色野菜など）、味が

イヤ（酸っぱいもの）、食べにくいのでイヤ（噛みにくい硬さ）、かみ切りにくいのでイヤ（線維のある野菜など）、柔らかすぎてイヤ、味が合わない、思い出がイヤだった（無理に食べさせられたなど）、食べずぎらい、体に合わない（ダウン症なら果物など）とか。体に合わないものであれば食べさせないでください。ただし体質は人それぞれで、Aさんには良くてもBさんには害になるかもしれません。また、外国で健康に良いという伝統の飲食物は、日本人の体質に合うかどうかわかりません。食べにくい問題があれば食べやすいように、また、気づかれないように工夫しましょう。年齢が進んでも食べずぎらいが続くのであれば、栄養の大切さを説明しましょう。絵本を見せたりしてもよいでしょう。家で野菜を育てたら喜んで野菜を食べるようになった子もいます。

サプリは薬の一種ですが、多くは、人につかったときの副作用などのきちんとした研究がされていません。

サプリで発達が良くなることはありません。子どもの発達というのはサプリで良くなるほど単純ではないからです。ネットでも、ダウン症の子にはこんなサプリがよい、という情報が出没します。余計な出費で損をするだけでなく、体を壊したり、大事な生活がおろそかになったりしては元も子もないでしょう。

さらに furthermore

健康な体をつくるには、食べものや飲みものをバランス良くとることです。ただしダウン症の人は代謝が少し違うので注意が必要です。その一つは酸化ストレス、つまり活性酸素の有害な影響が一般の人より大きくなりやすいことです。21番染色体にはSOD（スーパーオキサイド・ディスムターゼ）という酵素をつくる遺伝子があります。この酵素は酸化ストレスの原因となる活性酸素を分解して過酸化水素（オキシフル）などになります。過酸化水素は毒性が強いので、

体内のカタラーゼなどの酵素で分解され無害になります。ダウン症の人はＳＯＤ遺伝子のある染色体部位が1・5倍なので、ＳＯＤの活性が高く、活性酸素を多く分解するので、過酸化水素も多く発生します。ところがカタラーゼはふつうなので、過酸化水素が分解しきれず残ってしまうおそれがあります。これだけならそれほど悪さをしないかもしれませんが、ＳＯＤを多く含む果物などや羅漢果甘味料は避けたほうが無難でしょう。酸化ストレスを減らすには、ポリフェノールの入ったものを飲んだり食べたりすると良いようです。ただしポリフェノールも化学物質ですから、悪影響がないとはかぎらないので、過剰に摂取しないようにしましょう。

もう一つの特徴は、尿酸値の高い人が多いことです。原因は尿酸が腎臓から排出されにくいことのようですが、他にもあるかもしれません。そのため体内で尿酸を増やす食品を知って摂りすぎないようにしましょう。とくに、レバーや干物、果物は尿酸値を上げやすいので、食べる量を減らしましょう。野菜も尿酸を増やすものがあります。お酒は減らしましょう。

甘いものは依存になりやすく、健康を害するので、幼いころから気をつけたほうがよいでしょう。すでに甘味依存になっていたら治療が必要になるので、かかりつけ医に相談してください。市販の濃縮ジュースは果糖が多量に入っているので、ダウン症のある人には合いません。

サプリはテレビやネットでひっきりなしに宣伝がされています。そこには「効果は個人的」とかいう小さな見えにくい文字が書かれています。これは何かあったときの保証で、健康被害が出ても判断したのはあなたですから会社の責任はないですよ、という意味なのです。サプリで効果が上がったと言われても、使用後の映像がぼかされていることがあります。健康と資産を守るためには、しっかり目を開けて、他の状況も頭に浮かべながら、批判的に見聞きすべきです。

カルシウム剤を摂ると骨が丈夫になると信じている人は多いようですが、それは単純すぎます。人間の複雑な身体、複雑な代謝が忘れられています。カルシウムは吸収や代謝の限界を超えると、骨以外の場所（筋や腎）にくっついてしまいます。かつて腎臓病専門医の講演で、親がカルシウムを飲ませていたら子が腎臓病になったという話がでて、最後にこう言われました。「おバカなお母さん」。

タンパク質は大事な栄養素ですが、サプリのプロテインは使ってはなりません。代謝能力を超えると、体内のあちこちに深刻な害をおよぼします。

ハーブ類はサプリよりは中味がわかりやすく、伝統的なものは副作用がわかっています。知識があり良心的なハーブ取扱者は注意を教えてくれます。海外には警鐘を鳴らす本もあります。たとえばウコンは体に良いといわれますが、肝機能が低下したときにつかうとウコンの鉄が肝臓に沈着して肝障害を起こします。ウイルス性肝炎の症状を、ウコンの入ったサプリが悪化させるおそれもあります。

また、一つのサプリやハーブなら問題なくても、他のサプリや薬を一緒につかうと相互作用が出ることがあります。たとえば、ビタミンEは多くのサプリに入っています。これは体に溜まりますから、何種類もつかうと過剰になってしまいます。ビタミンAはもっと危険です。ビタミン剤が必要ならば、検査で不足を調べて補給すべきなのです。

日本では国立栄養研究所で次のようなサイトがつくられています。この研究所は「科学的見地から子どもにサプリは必要ない」という見解を出しています。（「健康食品」の安全性・有効性情報　https://hfnet.nih.go.jp/）

発達を促進するとうたったサプリ、それが効くはずはないのですが、ワラをもつかみたい親心を動かします。でもワラをつかんではいけません。溺れてしまいます。それに、このようなサプリをつかうことは、

生活の大切さが忘れられやすく、発達はかえって悪化してしまいます。ダウン症で発達を良くするとうたっているサプリはＭＤ散など昔からあります（ＮＧ神話19のコラム参照）。でも、発達が良くなったサプリはありません。アメリカのＦＤＡ（アメリカ食品医薬局）でも警鐘を鳴らしています。

例　ノンちゃんは果物が嫌い。それがお母さんの悩みで、なんとか食べさせようとします。健康のためにという親心は痛いほどわかりますが、それはもしかして健康を害することになるかもしれません。代わりに私が食べて、ノンちゃんから感謝されました。ウィンウィンですね。

例　発達を良くするというサプリが広まっていることに眉唾だったお母さん、そういうサプリを取り寄せ薬学専門家の友達に分析してもらったら、たいしたものは入っていなかったけれど「砂糖が入っている」と言われたそうです。「どんな効果があるの？」と聞いたら、お友達から「う～ん、太るってことかな」と言われたそうです。そのサプリ会社の説明会に行ったことがありますが、使用前と使用後の写真を比較して、ダウン症の子がダウン症らしくなくなったと説明していました。隣にいたお母さんと「やっぱりダウン症だよね。何が違うの」とコソコソ話していました。写真と動画は時間や場面を変えて改善しているようにもできます。逆さに出してもわからないでしょう。要注意です。

サプリで変わると言われても

同じ人の違う時で写真を比べている？

NG神話 17

ダウン症の人は老化が非常に早い

あるある

ダウン症では老化が早いと専門家が言っていた。最近動かなくなった。老化かな。ダウン症では早いから。白髪が増えてきた。老化が始まったのかしら。成人になったので、これから老化に備えなきゃ。

BUT… でもね

専門家の言うことが全て事実とはかぎりません。何ごとも、鵜呑みにしないで、どういう根拠かを知って、矛盾がないかどうか考えましょう。そもそも科学は信じるものではないのです。エビデンス（根拠）があると言われても、これは科学的だと言われても、まずは疑ってみるのが科学です。科学の基本は批判的思考なのです。

ふつう老化が始まる時期は20歳くらいですが、ダウン症の人では10代後半から始まるようで、大きな違いはありません。老化は体の部位によって時期が違いますし、人によっても差があります。ダウン症の人たちでは、40歳のときに45歳から60歳レベルと言われます。45歳レベルなら一般の人とさほど違いません。でも60歳は明らかに異状です。老化を進める病気が検査（甲状腺機能や成長ホルモン、目や耳、歯、内臓の異常など）されているでしょうか。新しいことのない生活環境、運動不足、適応障害やうつ病、家族からの遺伝要因など、原因をまず調べなければなりません。ほとんどの病気は治療できますから、早い対処が回復を早めます。

まだ40歳

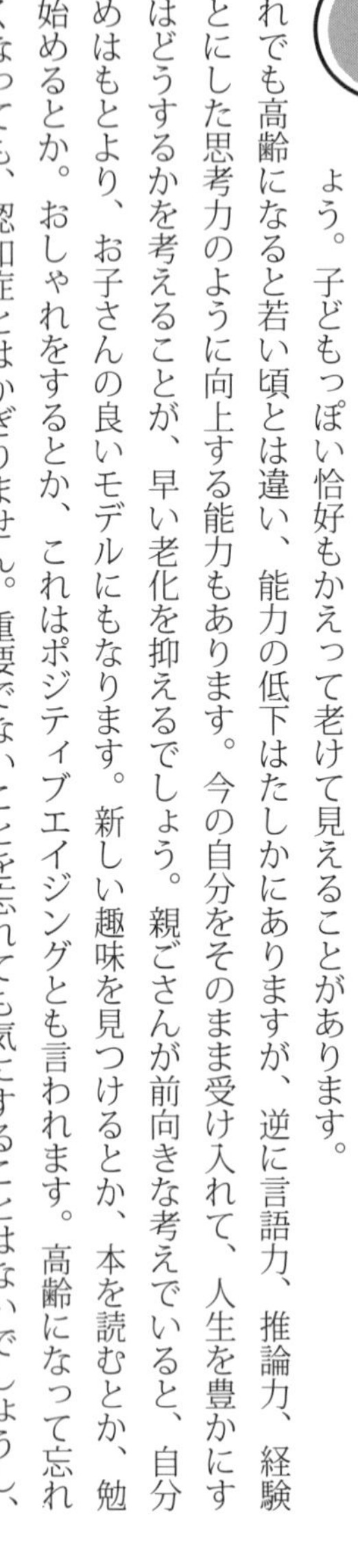

同じ世代の友人がいなかったり、親が服装や髪形などを決めたりしていたら、同じ世代の生活やおしゃれとかけ離れてしまいます。だったら親と一緒に老けていくのは当然でしょう。子どもっぽい恰好もかえって老けて見えることがあります。

furthermore さらに

だれでも高齢になると若い頃とは違い、能力の低下はたしかにありますが、逆に言語力、推論力、経験をもとにした思考力のように向上する能力もあります。今の自分をそのまま受け入れて、人生を豊かにするにはどうするかを考えることが、早い老化を抑えるでしょう。親ごさんが前向きな考えでいると、自分のためはもとより、お子さんの良いモデルにもなります。新しい趣味を見つけるとか、本を読むとか、勉強を始めるとか。おしゃれをするとか、これはポジティブエイジングとも言われます。高齢になって忘れっぽくなっても、認知症とはかぎりません。重要でないことを忘れても気にすることはないでしょうし、忘れたくないことだったら、メモに書くか、新たに覚えればよいでしょう。覚え方は若いころと違ったやりかたを工夫すればよいのです。そうすれば新鮮な気持ちで学べるでしょう。これはダウン症があっても同じではないでしょうか。

ダウン症の人は老化が早いので白髪になりやすいと言われます。でも一般の人でも白髪になる程度は遺伝が大きく、環境も影響するので、老化だけとは言えないようです。

例　30代～40代の娘や息子がいるお母さんたちが「これから（息子や娘の）老後を考えなければ」と話しあっていたので、「それより親ごさんたちが老後をより良く生きることを考えたほうがよいのでは」と言わせていただきました。ふつうはその年齢で老後なんて考えないですよね。親のほうが老後を活かすことを考える年でしょうに。

お肌の手入れを

お肌の曲がり角という言葉がありますが、手入をしなければ30歳より前に老けてしまうそうです。ダウン症があっても手入れをしている人は肌が若くてきれいです。ダウン症があると色白の人が多く、おとなになって強い日差しにUVクリームもつけずにいたら肌は老化するでしょう。ただし紫外線の影響を心配しすぎるとビタミンDが不足してしまいます。外出することのメリットも抑えられてしまいます。紫外線がアルツハイマー病を発症させるという声も聞きますが、そういうことはありません。酸化ストレスの専門研究者に話したところ、アホらしいと一蹴されました。それに、ダウン症だから何でもアルツハイマー

病とつなげるのは正しくありませんし、ご本人のためにもなりません。

年をとっても自分の足で歩けるように

赤ちゃん体操できれいに歩けるようになったお子さんも、幼いときから靴の中敷きで補正をしたお子さんも、成長していくうちに、体重や運動の影響で、足の形は変わります。ですから成人になっても歩きかたと足の形を診てもらう必要があります。それもダウン症の人をよく診ている医師や理学療法士（ＰＴ）さんや中敷きをつくっている靴屋さんに相談してください。正しい歩きかたをしないと、関節や筋肉に偏った荷重がかかり、それほどの年でなくても歩きにくくなってしまいます。今でもダウン症の人が高齢になることを想定している専門家は少ないのですが、何歳になっても元気でいるためには、病気予防と早い対応が求められます。

親亡き後も安心して暮らせるように

お子さんが成人になるころから親亡き後が心配という声が増えてきます。赤ちゃんのときから心配している親ごさんもいますが、将来困らないためには、確かな情報を得る必要があります。日本では親亡き後の支援は福祉でおこなわれますが、親がいなくなった後では支援の良し悪しがわからないので、元気なうちに見ておき、体験してみるとよいでしょう。最近は支援を受けながら一人暮らしも増えてきました。

相続や財産管理については、この課題についてよく知っておられる弁護士の中尾宙史先生にお聞きしました。

「相続は障がいと関係なく行われますが、財産管理を信用できる人に頼んでおいたほうが安全でしょう。それには成年後見制度（法定後見制度）、任意後見制度、家族信託などがあります。成年後見制度はさまざまな制限がありますので、障がいが重度認知症のレベルでなければ、任意後見制度と家族信託を合わせる方法があり、大きなメリットが得られそうです。その概要は財産の一部を家族信託として親族に渡し、残った生活費分を任意後見により後見人に管理してもらう方法です。特定贈与信託という制度も同時に利用するとよいでしょう」。

NG神話 18

ダウン症の成人は退行することが多い

あるある

専門の先生が「ダウン症だから退行する」って言ってるから。うちの子最近動きが少ないんです。退行でしょうか。

将来退行するのならダウン症の子は産みたくない。

遅かれ早かれ退行するから静かに見守ってと主治医に言われた。

ダウン症に特有の急激退行があるというのはフィクションです。よくできる、しっかりしていると言われた子が、思春期以降、発達が戻ってしまったような状態になったとき、急激退行と呼ばれるようですが、退行したと言えるダウン症の人に、私は会ったことはありません。でも親ごさんたちは、いつ退行するかという不安にとりつかれています。これは「予言の実現

化」になるおそれがあります。つまり、予測によって、その方向に行動を進めてしまう人間の心理作用です。「やっぱり退行した」と納得したら、どんどん悪い方向に進んでいきます。

ダウン症の人たちは共感力が高いので、親ごさんが不安になると、一緒に不安をおぼえます。「お母さんがかわいそう、でも助けられない」と悩んで、心を閉ざしてしまいます。そうして、前にはできたこともやる気がしなくなり、親に頼って心安らかに過ごせた、あの幼いころにかえれば不安が消えてくれるだろうという、苦しい願いの発露ではないでしょうか。

今の状態が退行だと医療者は単純に診断してはなりません。行動につながる背景を一人ひとり知ることが大事です。それに当然ご本人の心も知ろうとしなければなりません。それにはご本人に「あなたのような立場におかれたら、だれでもそうなるでしょう」と共感し、思いを汲めば、心を開いてくれます。下を向きながら、時々こちらをチラっと見て、目が合うと訴えているような視線を投げかけてきます。「最近笑ったことがない息子が笑った」と驚かれることもあります。

「退行」ははっきり言って心ない言葉です。現在と将来に不安をいだいているご本人と親ごさんに追い打ちをかけます。医療や支援は、安心して生活するためにあるはずなのに。

用語は定義を熟知してつかうのが専門家の務めなので、まず、退行とは何か知るべきです。退行というのは、身体医学では、脳の変性で発達が失われていく病気です。ダウン症の人にこのような病気の合併もありえますが、非常にまれです。これはダウン症で言われている退行とは全然違うのに、それを知らない医師は脳の変性疾患だと思ってしまいます。

力動精神医学で言われる「退行」は心を守るやりかたです。これは強力なストレスに襲われたとき、だれにでも起こりうることです。ふつうの思春期でもみられることがあるそうです。

もう一つ、精神医学には適応的退行というのがあり、趣味やスポーツや遊びなどを楽しむことで現実から離れ、精神的ストレスを乗り越えるエネルギーを得ることを言うそうです。会社帰りにライブに行くことや、飲んでしゃべることも適応的退行だそうです。

ダウン症の人でみられる退行のような状態の初発は、精神医学で言う「適応障害」と考えられます。ダウン症があれば全員なるわけではなく、成人になっても自分が自分の主人公でなく、健全な自我が育っておらず、社会経験の機会がないまま社会に出て、失敗や挫折からの復元力（リジリエンス）が弱いと、家庭や職場の人間関係に適応できなくなり、発症しやすくなります。

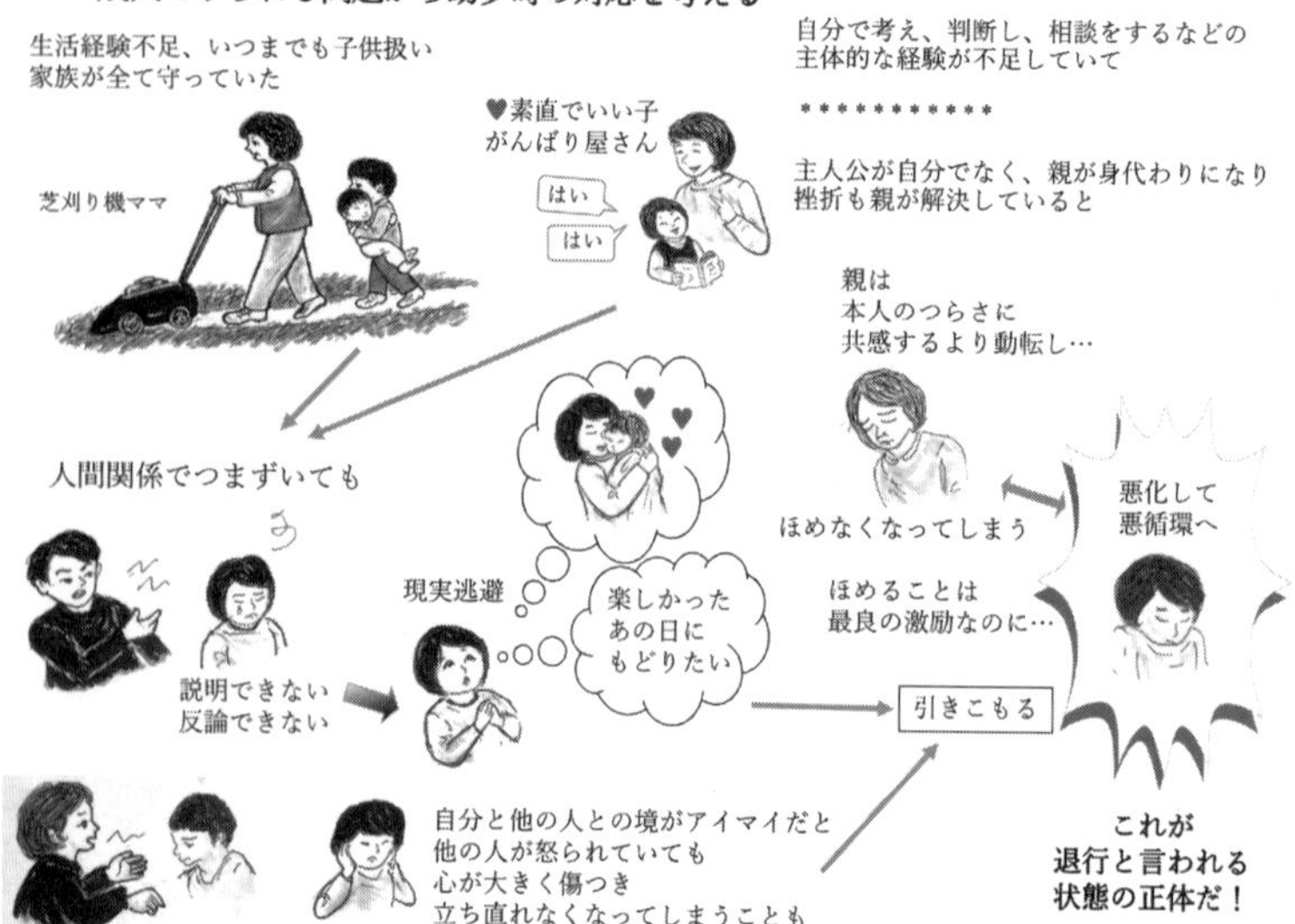

このような変化も、原因がわかれば、適切なかかわりと環境の改善ができますし、そうすればだんだん回復にもっていけます。それも、ただ戻すだけでなく、成長発達して心の自立ができるようにする支援が必要です。

さらに、退行かと思われたとき、「本当にできていたのか」ということも考えてみましょう。よくできていたのは、言われたことをきっちりしていたのであって、自主的に考えて行動してはいなかったということもよくあります。つまり、できていたことはメッキであって、それがはがれたときに、隠れていた幼児性があらわれたのかもしれません。

例　鳥取のハルカさんは働いていた支援事業所の方針が変わり、やりたくない単純作業に移され、スタッフから冷遇されたことで、気落ちして心を閉ざしてしまいました。得意だった絵も描かなくなって、何もせずにボヤ～としていました。ご両親はたいへん心配され、事業所を替えると、少し気力が戻りました。しかし絵は描かず、その代わり、いろいろな文字を書くようになりました。お母さんは、最初、意味がわからないと困惑されましたが、黙って観ていると、彼女の表現したい思いが見えてきました。そのうちに、意味のある語句が増えてきて、語句どうしもつながってきました。書いているところを見ると、よく考えて色や形や配置を決め、楽しそうにしゃべりながら、書いておられました。ハルカさんの書いた心の表現は、『ダウン症のある成人に役立つメンタルヘルス・ハンドブック』に扉絵として載っています。その後、指導を受けたフラワーアレンジメントがお気に召して、自宅に飾ったり、教会や老人施設に飾ったりして、楽しみと社会貢献で生きがいをとりもどしました。その写真を私はスマホの待ち受け画面にしています。

例　トシアキさんは20歳のとき、今まで作業所に毎日楽しく通っていたのに、突然行かなくなりました。お母さんは「いよいよウチも退行か……」と不安にかられました。でも冷静になって原因を考えたところ、作業所の担当支援員さんが急に辞めたことに気づきました。何にも言わずに消えたので、トシアキさんは心配になったのです。通所しなくても外出は今までと変わらず楽しんでいました。お母さんは支援員さんたちと話しあって、今後はスタッフ交替の前に必ず説明すること、来所は無理強いせず毎日ようすを連絡してもらうこと、休むのは自分のことなので休むときは連絡することを決めました。彼は紙に「やすみます」と書いて、毎朝ファックスで送りました。支援員さんからは毎日のようすを書き送ってきました。こうして3か月後には行く気になりました。最初はときどき休みましたが、そこは気にしないで、通えたときに歓迎をしてくれていました。トシアキさんは33歳になり、おとならしくなって毎日を有意義に過ごしています。自主的で何でも意欲的に経験しようとします。気配りも増えて、日々成長しているとお母さんから喜びの声を聞いています。

例　だんだん動きが減り、体がガチガチに硬くなって歩くのも辛くなった20代の男性。お母さんは、これは退行かと心配して来診されました。そこで、「主人公は息子さんでありお母さんではない」こと、「もう大人なので自分で考えて判断することを大事にする」ことが必要で、そうでないと彼は「どうやって生きていったらよいか」を自分で考えられないため、動けなくなるのも当然、ということを説明しました。お母さんは私の言葉がストンと胸に落ちたそうです。マッサージで体ほぐしもされました。それからの回復は早く、体は柔らかくなり、活動的になりました。1年半後に会ったときには全然違って、活き活きとした青年になっていて驚きました。「私の友だちもいっしょに海外旅行もしたのですよ」とお母さんは、息子がうれしそうにみんなと旅行を楽しんでいる写真を見せてくださいました。

例　仕事に行かなくなり自分の世界に入り込んでいるという訴えの20代女性。よくしゃべる人で、話を聞いていたら、幼稚園時代の話ばかりしていました。とくに担任の先生の話題が多く、きっとやさしい先生に守られた楽しい時期だったのでしょう。人間関係の辛さから逃避するために、楽しかった幼稚園時代の思い出が浮かぶと、時間の経過が把握しにくいダウン症の人らしく、時空を飛び越え想像の世界に入ってしまうことがわかりました。

例　20代前半の娘さんをもつお母さんが、最近こだわりが強くなったと訴えてきました。話を聞くと、通っていた地域支援施設で仕事が遅いと言われ、やめさせられていたことがわかりました。彼女のこだわり行動は、不安をおさめるためにしているのです。ところが、通っている病院の医師から、背景も聞かれないまま「ダウン症特有の退行ですね」と言われたそうです。もともと不安だったお母さんは、絶望感をいだきながらも、前から時々診ていた私のところに来られました。「施設からひどいことを言われたのねえ。でも、もうやめたから大丈夫」と言うと、そのお嬢さんは、やっと笑顔を見せました。しっかりした表情でした。お母さんにも安心してもらう言葉をかけました。

例　ある通所施設から、30代後半の女性が仕事中大声をあげて困るという相談がきました。そこで訪問すると、仕事中にときどき大声を出し、そのつど支援員さんが口々に「大丈夫だよ」と応えていたので、これが原因だとすぐにわかりました。これでは「大声出したら返事してあげるよ」という強化行動です。彼女はそのうち、イケメンの若い支援員さんのところに行って甘えました。するとその支援員さんはお姫さまだっこをしたのです。驚いて私はこう言いました「この年の女性には、だれでもお姫さまだっこするのですか」。すぐにその女性はソファにおろされたのですが、何と、指をチュパチュ

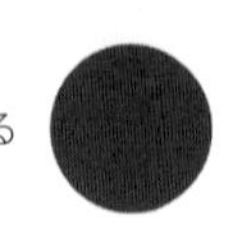

パ吸うのです。「赤ちゃんのようにすれば可愛がられる」と思っていることがわかったので「あなた赤ちゃんなのね、じゃあミルクだけ飲んでいればいいね。赤ちゃんはごはん食べられないから」と言いました。そうすると、すごい形相で私を睨みつけました。支援員さんたちには「落とし穴を掘って待っているのですよ」と話しました。

例

25歳の息子が退行したのではないかと、不安になったお母さんから電話がありました。前は何でもできたのにやらなくなり、急に動かなくなった。手がふるえ、つらそうに下を向いてじっとしていると言われました。ダウン症の人が苦しむのは人間関係からです。災害などはけっこうじょうずに乗り越えています。作業所での人間関係を聞きますと、利用者で意地悪を言う人がいると言われました。支援員さんの対処はどうでしたかと聞くと、元気だからようすを見ているとのことでした。でも家では荒れることがあるそうです。行動面だけ見られているようなので、彼の気持ちや思いを聞きましたが、お母さんは息子の気持ちに気づいていませんでした。この青年はもともと穏やかで、反抗も最近になってからでした。反抗できるようになったのはすばらしいことです。お赤飯を炊いて祝ってもいいくらいです。今までは「ガマン強いので、周りに心配させないように元気で明るく装っていた」ということです。とうとうガマンできなくなり、どうしてよいかわからず、心を閉ざしてしまったのでしょう。まずお母さんに話したのは、「解決するのは当事者である息子さん」なので、先回りして対処しないこと、何が問題か彼がはっきりわかることが必要ということです。問題に背を向け、忘れさせて楽しいことをさせるというのは本末転倒です。何が問題かわからなければ、だれでも不安になるでしょう。問題を見つけるのは支援者と親ごさんの役目ですが、それをご本人と確認することが大事です。実態の認識は大事なので「○○さんに嫌なこと言われたの？」と聞くことです。答えが言葉にならなくても表情からわかります。そして、「お母さんは味方、あなたは悪くない、悪いのは○○さんだよ」とはっきり言うことです。彼の気持ちや我慢していたことを支援員さんに伝えて、意地悪を言う人には、そういうことを言うのは人が傷つくからいけないと言ってもらいました。

例　特別支援学校高等部に入ってまもなく、イクコさんは学校に行かなくなり、動かなくなりました。お母さんは退行かなと一瞬おもいましたが、いえいえ思春期のせいかとおもって、原因をいろいろ考えました。イクコさんは中学部からの進学で、中学部では楽しく過ごしていました。高等部には支援学級や普通学級から入ってきて、勉強や運動などができて話も達者な生徒がかなりいました。イクコさんは本質を突く言葉をスパッと言える人ですが、早い会話にはついていくのは苦手です。お母さんは、こうたずねました。「ほかの子がよくできるのが辛いの？」イクコさんは「ウン」とうなずきます。「あなたがうまくできないので辛いの」「ウン」。そこで「あなたに苦手なことがあっても、あなたにしかない良いところ、すばらしいところがあるでしょ。ほら、笑顔。お母さん、あなたのすばらしい笑顔大好き」と言うと、翌日イクコさんは吹っ切れたように学校に行ったそうです。

ダウン症の人はアルツハイマー病になる？

ダウン症があると中年期から脳にアルツハイマー病変が現れるので必ず発症すると考えられています。しかし、脳に病変があっても症状が出るとはかぎりません。80代になってもアルツハイマー病にならなかったダウン症の人も報告されています（一般の人でも、脳全体にアルツハイマー病変があるのに症状には出ない人がいます）。

例　ある病院でＭＲＩによりアルツハイマー病と診断された50歳に近い女性。お父さんに認知症がありました。知り合いの神経内科医にＭＲＩを見てもらったら確定はできないと言われましたが、記憶は少しずつ落ちています。でも幼児化してはいません。できないことが増えてはいますが、支援を受けながら活き活きと生活しています。以前は優等生で勉強もできたそうなので、できないことが増えて自信をなくしたのでしょう。お母さんは一緒にいると昔を思い出してイライラする、つい指示・指導してしまうからと、良いグループホームに入れました。記憶は少しずつ消えているようですが、生活を楽しみ、作業所にも毎日通っています。

コラム　「ダウンタイム」は疲れた心を救う

ダウンタイム（downtime）は、コンピュータが停止したりつかえなくなったりしたときの英語ですが、一休みして心身の回復をするときにもつかわれます。がんばり続けても効率が落ちることから、昔から「一服しよう」という言葉があり、それと同じようなことです。「ダウン症」にかけて「ダウン症の人に不可欠なのはダウンタイム」とも言われます。ダウンタイムは親ごさんにも必要ですね。

NG神話19

ダウン症を改善する薬ができそう、正常に近づけられる

あるある

ダウン症を治す薬はないんですか。
認知機能が改善される薬ができるそうだ。
脳が良くなれば勉強ができるようになるはず。
発達を伸ばす薬があるそうだ。

BUT… でもね

お子さんの認知能力、つまり脳の機能を薬で向上させたら、どうなるでしょう。ちょっと想像してみましょう。

お子さんが診断をうけたとき、薬でダウン症が改善できたらと、親ごさんが思うのは自然なことでしょう。その親心にこたえるように、ダウン症で発達をうながす薬というのは昔からいくつも

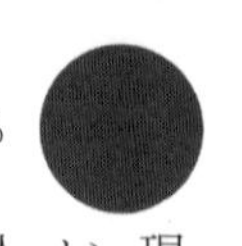

現れました。全てが非科学的で、そのうち消えていきました。最近ではダウン症の認知面を向上させるという薬が開発されたとのことで、福音だと喜ばれています。今回は科学的な検証がされているようですが、人間の脳は複雑ですから、いろいろな面から考えてみないと危険です。さもないと、イカサマ研究者や治療者のワナにはまってしまいます。

ダウン症のある人たちの認知能力の改善というのは、どこをどうするのか明らかでないものも多く、動物実験で学習能力が上がったとしても、人間のどこにあてはまるかは不明です。

さらに認知能力が改善できたら万々歳と言えるのでしょうか。かえって能力が偏ってしまうことはないのでしょうか、どんな副作用があるのでしょうか。今ある能力が抑えられてしまうことはないのでしょうか。そのような諸問題にたいして、十分な検討が必要となります。

診察に来られる親ごさんたちから「ダウン症を治す薬はないんですか」とよく言われます。その答えは「ダウン症は病気ではないので治す薬はない」です。それにダウン症は複数の遺伝子が増えているのですから、特徴や症状との関連は、染色体欠失がある人よりも複雑なのです。

新しい薬ができたという情報があったら、すぐにつかいたくなるでしょう。ですが、薬をつかうときは総合的に判断しなければなりません。医師は、すでにある薬でも、いろいろな薬を瞬時に頭にうかべて必要な薬を慎重に選びます。副作用を知り、患者さんの誤解がないように説明し、アフターケアを多職種（看護師、他の診療科、薬剤師、地域支援者など）と一緒におこなっていくのが医療の基本です。大学時代に、医師はレストランのシェフのように全体を見なければならないと教わったのを思い出します。オーケストラの指揮者みたいとも言われます。

「効く薬には副作用がある」というのも薬の基本です。薬の作用は体内のさまざまな部位におよびます。標的にはたらくのが主作用で、そのほかは副作用になるのです。それに薬の効果や副作用は人それぞれで、時期や状態によっても変わります。ほかの薬やサプリ、食べものも影響することがあります。

全ての薬は販売される前に治験（人での試し使用）がなされます。ダウン症で認知脳力を改善する治験を望んで海外に飛んでいく親ごさんもいますが、薬の治験では、「重大な副作用が出るかもしれません」という説明もされるはずです。治験をする医師なら、万一の場合、素早く対処できますが、海外で治験を受ける場合は、帰国後の十分な観察と素早い対処は難しいでしょう。また、市販された後に重い副作用がみつかり、販売中止になった薬もあります。新しい薬を使用するときは、さまざまな専門家が対等な立場でチームをつくり、素早く判断し、対処しなければならないのです。

さらに長期間で悪影響が出てくることもあります。発達期の脳に作用する薬となると、遠い将来に、どんな悪影響があるかは長い年月を経ないとわかりません。後になって、こんなになってしまったと思っても手遅れです。そのため脳に働く薬は、幼少時には、放っておけば重度化し、死んでしまうような病気以外は基本的につかわないのが医療の常識で倫理なのです。

認知能力は一つだけではなく、知覚、記憶、言語、理解、判断、想像、推論、決定、などさまざまで、脳全体にちりばめられています。それだけでなく互いに影響しあっているのです。さらに、養育や教育によって将来は違ってきます。認知能力と影響しあう非認知能力もあります。脳の総合機能としての多重知能も、認知能力だけではなく、共感力や洞察力などがふくまれますので、一部の認知能力だけ高めても、社会生活に適応していけるかどうかはわかりません。それに、ダウン症のある人たちのすぐれた共感力や

賢明さが治療によって消えるかもしれません。

能力を「改善」されたら、さらなる欲求が出てくるのが人間です。お子さん自身がアイデンティティに悩むかもしれません。そうなったら親を恨まないともかぎりません。親ごさんが十分に説明しても納得しないかもしれません。

また、わが子が親に理想を求め、「お父さん、お母さんも薬で能力を改善したら」と言うかもしれません。親に理想を求めるのは思春期のころですが、ダウン症の人もご多分にもれずで、「お父さんは俳優の○○みたいにイケメンじゃないからイヤ」なんて言っていた人もいます。

ダウン症のなかでも、正常細胞が含まれているモザイク型をもつ人は、たいてい認知能力が高めです。それでも親ごさんが期待しすぎるなど能力を超えた教育がされると、標準型（体の全細胞で21番染色体が3本ある型）の人たちよりも生きにくくなります。認知面だけが上がるということは、モザイク型に似ているようにおもわれます。

脳の働きでいちばん大事なのはバランスです。そのためにはバランスのとれた子育てが必要です。それは日常生活が基になる、足が地についた子育てでしょう。ちなみに「足が地につく」という英語は down to earth。私の好きな言葉です。

平均寿命と個人の寿命が違うように、科学データと個人の状況は違います。それに科学データは専門的に一定の解釈があるので、自己流で解釈したら誤ってしまいます。さらに研究は、やりやすいところから手をつけていくので、研究されていないことのほうがはるかに多いのです。

コラム

消えた薬

1970年代、海外から入ったMD散という薬が、ダウン症を改善すると言われていました。ダウン症の人を救おうと熱い思いをいだいた親ごさんとダウン症の治療を求めていた医師たちに、MD散は大いに期待され、つかわれました。その方々が催した会で、一人の親ごさんが病院を紹介してほしいと言われたので、私は質問された方の居住県にある大学病院小児科はどうでしょうと言ったら、「そこはMD散をつかっていないからダメだ」と叱られました。でも、福祉関係の友人から「皆さん飲みにくいので捨ててるよ」と聞いていました。親は医師にそれを言えず、効果があったと答えていました。結局MD散は無効ということが研究で証明され、この薬は消えていきました。

コラム

脳詐欺師にご注意

天才的な脳神経研究者、故 中田力教授は、脳の働きを改善するための方法をつくって売っている人を「脳詐欺師」と呼んでおられました。藁をもつかみたい人を、大勢の詐欺師がねらっています。うまい話は疑ってかかることです。ニセ科学も蔓延しています。藁をつかんで溺れてはなりません。

ダウン症は遺伝ではなくてよかった

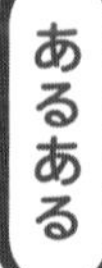

ダウン症は遺伝で起こらないから安心。
ダウン症が遺伝で起こるなんて言うな！
うちの家系にはこんな子はいない。
親がよくない生活していたんじゃないのと言われた。

BUT… でもね

たしかにダウン症候群は（ここでは医学用語をつかいます）ほとんどが親からの遺伝ではなく、家族や親せきで二人以上生まれても、たいていは偶然です。主な原因は、受精前に起こる生殖細胞の染色体「不分離」で、21番染色体が1本多くなります（標準型21トリソミー）。つぎに多いのは転座型21トリソミーで、21番染色体が他の染色体に付いているものです。転座型の一部は遺伝によります。それは片親の21番染色体がほかの染色体に付いていて（均衡型転座）、転座をもつ親の染色体数は45本に減っています。ダウン症候群の特性はありません。その転座染色体を生まれる子どもの10～20％が受けついでダウン症候群になります。転座が生殖細胞だけにある人や、不分離になりやすい人もいるようですが、これは通常の染色体検査ではわかりません。

たとえ遺伝であっても、親ごさんの責任はまったくありません。そもそも人間は遺伝に責任をとれるほど偉くはないのです。親ごさんたちは遺伝ではないと言われたら、安心するのは自然な気持ちですが、それは無意識に遺伝で生まれたダウン症候群のある人と親ごさん、さらに遺伝性疾患をもつ人たちへの偏見になってしまいます。もともと人間は、病気や障害につながりうる遺伝子をたくさんもっているのです。全ての病気には、遺伝子が関与しています。しかし、遺伝子にも環境が影響します。生活環境を整え守ることも大事なことなのです。みなさんのお子さんは、妊娠中の環境が良かったので、この世に生を受けたのです。つまり選ばれて生まれた「エリート」なのです。

ダウン症候群には、ほかに21トリソミーが体細胞の全部にはない「モザイク型」があります。でも、型から将来の予測はできません。臨床診断は人間にたいしてするもので、染色体や遺伝子だけでするのは大きな誤りです。

親の生殖細胞で染色体の不分離が起こるのは、お母さんだけでなく、お父さんにも起こります。不分離による過剰21番染色体は、お母さん由来が90％くらいですが、お父さん由来も5％くらいあります。こちらも親の責任でもありませんし、ましてや罪なんかではありません。ちなみに、欠失や転座など構造的な染色体の変化はお父さん由来も多くなります。

「遺伝学」というのは、遺伝（的継承）と多様性とを探求する科学の分野です。人類の多様性には、生物としての多様性にくわえて、一人ひとりの人生における多様性もふくまれます。人類は、ほかの生物とくらべて非常に多様で複雑なのです。

遺伝学からみれば、全ての人間は共通のゲノム（全遺伝情報）をもっています。細かい遺伝子パターンは一人ひとり違っていて、それは環境と影響しあって多様性をつくっています。人類としての共通性は「全ての人が仲間」であること、多様性は「ほかの人との違いを認める」ことを意味します。これはいじめや排除、紛争のない社会の基本的理念につながるでしょう。最近は多様性が「いろいろな人がいるから、ほかのヤツは関係ないよ」という無関心にもなっているようですが、それは「人類の共通性」が忘れられているためではないでしょうか。

遺伝や遺伝子を特別と思う人は、医師にも多いようです。ある病院で遺伝の話をしたとき、司会の院長が紹介で「最近遺伝子が身近になってきました」と言うので、可笑しくなって「先生、遺伝子って、いつも身近ですよ」と言ってしまいました。「ＤＮＡを食べたことがありますか」という質問もあります。答えはすぐわかりますよね。

あるお母さんから「息子が小さいとき、シャイで集団に入れなくて困ると言ったら、長谷川先生からお母さんにそっくりねと言われ、目からウロコが落ちたようでした」と言われたことがあります。わが子のやることをダウン症のせいだと思う前に、両親の性格や子どもの頃のことを思い出すと、なあんだとおもわれるでしょう。

ダウン症のある人に、彼らのアイデンティティの一部であるダウン症について話すことは必要です。知らないと「ほかの人と違うけど、どうしてだろう」と悩みます。うちの子がまさか、と思われるかもしれ

ませんが、親には言わないだけです。いつ、どこで、どう説明するか一定の答えはありませんが、ふだんから、家庭でダウン症のことを気軽に話していると重くならないでしょう。そのうえで機会をみて説明することです。自己評価の低下、偏見、差別につながらないような言葉で話さなければならないので、親ごさんにダウン症についてネガティブなイメージが残っていたら、信頼できるほかの人に話してもらうほうがよいでしょう。

小学校などでほかの子に説明するとき、障がいという言葉をつかうと、子どもたちの心に境界をつくるので、「あなたと違う苦手なことがある」と言うとよいようです。これは「あなたと同じ人間だから」というメッセージを送ることにもなります。

例　ナツキさんは自分にダウン症があるのを知っていました。「静岡ダウン症児の将来を考える会」をつくられたご両親から、いつも会の活動について聞いていたからです。ネガティブなことはご家族の念頭にはなかったので、ナツキさんは、将来を考える会の集いや本人部会で楽しいことだけを経験していました。彼女はこう言っています「ダウン症やめたくない」。

あるとき、「ダウン症ってどうしてできるのですか?」と、私に聞いてきました。「人の体に染色体っていうのがあってね、お父さんとお母さんからもらってきたんだけど、その染色体を一本よくばってもらってきたから」と説明すると、お母さんが「愛情だってよくばっているじゃない」とフォローしました。ナツキさんは「ふーん」と首をかしげていました。その後いろいろ考えたのでしょう、ほかのダウン症の人との絆がいっそう深まったようです。

あるとき、ナツキさんはテレビを見て「とんでもない!」と憤っていました。「どうしたの」とお母

さんが寄っていくと、観ていたのは出生前診断のニュースでした。

専門家と患者・家族との溝を埋めるには

専門家が良かれと思って指示するのを「パターナリズム」と言いますが、専門的な助言をしないのは「無責任」です。でも助言は患者さんやご家族には指示と受け取られがちです。「こうしたほうがよいと思いますよ」が「こうしなさい」と変わることはよくあります。以前、出生前診断でXXY染色体が見つかり、両親に説明すると「産むことを決めています」と言われたので、「そうですか、ではこのように育てるといいですね」と子育てについて話しました。生まれた後で赤ちゃんと来られた両親から「先生に命を助けてもらってよかった」と言われて驚きました。

また、「ピアノを習わせようとおもいます」と言われたので、それはいいですねと言ったら、「先生からピアノを習わせなさいと言われたから」と言われたこともあります。ですから、ほかの医師からこう言われたという話も、言われたままの言葉で聞いたほうがよさそうです。「助言」が「指示」になってしまうのは、自分で決めるのは不安、専門家に頼りたいという無意識の思いによるのかもしれません。医師が患者・家族との間にありがちな溝を埋めるには、患者側の考えや気持をまずしっかり聴くこと、そして患者側からは思いをはっきり言うことでしょう。

遺伝子や染色体検査は何のために

1975年に染色体検査と診療を始めた頃、「検査してもやることがないでしょ。親が悩み、あなたも悩むだけよ、やめなさい」と病院の指導医から言われました。でも私は「検査して原因を見つけないと何をしたらよいかわからないから」と思って耳を貸しませんでした。原因がわかれば、何が必要かわかります。子育ての注意や合併症チェックも早くできますし、さらに、親には責任がないことも説明できるはずと思いました。

新型コロナウイルスのPCR（ポリメラーゼ連鎖反応）検査を増やしても意味がないと語る専門家の言い分を聞いて、いまも同じような発想なのだとおもいました。「検査したら染色体異常の患者が増えた」と病院の診療部長から言われたこともあります。これも、新型コロナウイルス感染対応に似ていますね。

遺伝医療は誰にもできるという誤解

遺伝医療は薬も手術もいらないため、医師ならだれでもできると思われているようです。でも、遺伝医療は患者・家族の方々との話しあいや説明のしかたによって、生活、さらに生命までおびやかされることがあります。それをぜひ知ってほしいのです。

医療は絶対的でなく不確実なものですが、遺伝医療も不確実で、確率によって判断します。でも人は断定的な説明を望み、それを信じて安心したい気持ちがあります。「人は『2＋2は4かもしれない』と言われるより『2＋2は5に間違いない』と言われることを好む」と、科学者で作家のアイザック・アシモフ

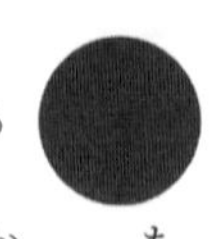

も言っています。

この不確実性をどう患者・家族、クライアントなどの「当事者」に説明し、質問や不安にこたえられるか、それが医療の課題でしょう。これはアートとも言われ、専門的なスキルが必要です。最初に、医療者は当事者の思いをじっくり聴いて、どこに不安があるのか、どこで迷っているのか、その人の背景はどうなのか、ほかの家族はどうなのかなどを聴きとります。当事者の思いを知らずに説明すると誤解をきたしやすくなります。これをもとに、当事者が前向きに考えられるように支援していきます。また、考える筋道を見失っていれば、頭が整理できるように手伝います。

インフォームドコンセントという言葉がありますが、これは医療者からあたえられるものでなく、患者・家族、クライアントという当事者から「あたえる」ものです。インフォームドコンセントには二つの種類があります。一つは医療者が十分な説明をしてから同意するかどうかを当事者が判断するもので、これは医学研究や治療や法律におけるインフォームドコンセントの「イベントモデル」です。同意には署名がなされます。もう一つは「プロセスモデル」で、医療者と当事者が診療方針のメリット、デメリット、コストなどについてじっくり話しあい、意見交換し、相互理解のもとに方針にかんして合意するものです。今の医療ではイベントモデルだけが知られているようですが、プロセスモデルが医師と患者さんの良い関係を保ち続けるのには重要なのです。

出生前診断における判断は複雑

出生前診断は医療として特殊です。治療につながることは少ないですし、臨床診断や検体採取は産婦人科がしますが、確定診断につかわれるのが遺伝子検査や染色体検査であるため、人類遺伝学の関与も重要です。

私は医師として、出生前診断はやったほうがよいという意見にも、やってはならないという意見にも違和感をおぼえます。どちらも単純だからです。検査をするかどうかの判断は簡単にはできないので、当事者の心情をじっくり聴いて、話しあいに時間をかけなければなりません。結果が出たときの話しあいも大切です。これは人命と人生を左右する検査ですから当然でしょう。

いろいろな立場の方から意見や心情を聴いていますが、それは立場の違いを越えて千差万別でした。出生前診断に期待する人々も考えはさまざまです。診断で安心したい、産むけれど子育て情報を前もって知りたい、ダウン症の人を知っていて産みたくない、育てる自信がない、育てるのが大変そう、経済的に大変そう、ただただ不安、自分は産みたいけど夫が反対、自分は産みたくないのに夫が産んでほしいと言う、義父母から産むなと言われた、実家から産むなと言われた、今いるダウン症の子の出生時に医師や看護師から言われたことが辛かった、学校で冷遇されていたから、といった意見がありました。ネット検索で自分には産めない、育てられないと思った人もいますが、逆に、ネットで見て安心した人もいます。

私の経験からは、ダウン症のある子を育てられない人はめったにいません。わが子にダウン症があるお母さんたちにアンケートをとって旧厚生省の研究班と産婦人科の雑誌で発表したことがありますが、「家族の絆が強まった」という意見が8割を越えていました。そういう人たちも、「もし生まれる前にダウン症とわかったら？」という質問に、半数が「中絶すると思う」、もう半数は「悩んで判断できなかったと思う」と書いていました。判断できなかったと書いた親ごさんたちは、目の前のわが子にダウン症があるので、中絶するとは書けなかったのかもしれません。直接話を聞くと、「育てるのは大変だと思っていた。でも育

てみたら全然大変ではないとわかった」「きょうだいと変わらない」「きょうだいより育てやすい」という声が多く聞かれました。

出生前診断にかんする説明にも、医師の認識があらわれます。「ダウン症の子が生まれたらこんなに大変になりますが、出生前検査というのがありますよ」と言われた人も少なくないようです。

出生前診断の結果、説明によっては、いままで可愛いイメージだったおなかの赤ちゃんがモンスターに変わってしまいます。目で見ていない悪いイメージがいったんつくられると、その後に変えることはまず無理です。

かつて、アメリカから学会に来た小児科医で遺伝学検査会社社長という人と会ったことがあります。その社長は「日本では出生前診断が普及していないのか」と聞いてきたので、任意で普及はしていないと答えると、「そんなのは日本だけだ。アジアの国はどこでも普及している」と言ったので、ははあ日本人はほかの人がやっていると真似る民族だと教わってきたな、とおもいました。さらに「ダウン症の子が生まれて親が悩むのは人権問題ではないか」とメチャクチャな理屈を出してきました。そこで、「あなたはダウン症の子には生きる権利がないと思っているのですか」と問うと、目が宙を泳ぎ、「用事がある」と行ってしまいました。ノーを言う日本人がいるとは、相手が悪かったですね。

出生前検査で収益を上げる会社や医師がいることは否めません。これはまさにショック・ドクトリンです。ショック・ドクトリンとは２００５年にナオミ・クラインがつくった言葉で、なんらかの困窮するようなことに商機を見つけるやり方のことです。

また、倫理学者のなかには「自己決定（自律的意思決定）だからよいではないか」と言う人がいますが、妊婦さんは家族や社会とつながっていますから、それは机上の空論でしかありません。「中立」な意見かどうか、無意識に考えを誘導されていないかということも判断は簡単にはできません。臨床心理士でもある親しい精神科医は、「カウンセリングで中立な説明なんてありえないですよ」と言っていました。アメリカの遺伝カウンセリングの本には、中立は「偏見を導かないために」必要と書かれています。中立の言葉には落し穴もあります。心理学者でお茶の水大学の先生でもある信田さよ子氏はこう語っておられます。「『中立』や『客観』って、マジョリティの立場に立つことなんですよ。それは強者の眼差しなんです」。

自己決定のように単純な言葉は、複雑さに悩まないようにとの思いやりかもしれませんが、これもパターナリズムではないでしょうか。人間はいろいろ悩んで決めていける唯一の生き物です。葛藤という進化がくれたこの貴重な脳のはたらきは大事にしたほうがよいとおもいます。

遺伝カウンセリングは遺伝子にかかわる全てが対象ですが、いちばん緊張するのは出生前診断でしょう。遺伝カウンセリングの両輪は「情報提供カウンセリング」と「支援カウンセリング」です。遺伝にかかわる選択は大きなストレスになります。そのストレスを軽減するための心の支援がとても大事です。このような大役を一人の専門職がになうのは負担が大きいことや、多様な問題は多様な立場からの視点が必要なことから、臨床遺伝医、認定遺伝カウンセラー、遺伝専門看護師、公認心理師、社会福祉士、検査技師などによる対等なチーム医療が必要です。医療のチームは、野球チームよりサッカーかラグビーのようなチームのほうが適しているようです。

出生前診断という医療の「患者」はだれでしょう。当然、診断される胎児です。そして悩める妊婦さんです。胎児はまだ人間ではないという倫理学の判断は、現場にかかわる医療者には受け入れられない考えです。医療では、緊急以外の検査は患者さんとじっくり話しあいます。でも出生前検査では、患者である胎児の意見は聞けません。意見が聞けないのは、幼い子や障がいの重い成人もそうです。でも、幼児やそ

のような成人は、ふつう保護者や代弁者がその人の利益を守ります。だったら妊婦さんも胎児の利益を守る立場のはずですが、実際はどうでしょうか。もちろん多くの人は胎児の利益を考えるでしょう。そのため悩み葛藤するわけです。だからこそ、慎重に深く考え、広く集めた情報を的確に判断し、心理支援のスキルも知る必要があるのです。検査したら、後は自己決定ですから自分で決めてください、というのは医療ではありません。

ダウン症ではまれですが、生まれてすぐ亡くなる可能性が高い遺伝性疾患もあります。出生前診断でわかると妊婦さんはショックを受けて、産む気が失せるかもしれません。でもわが子に愛情を注げるのは今だけと産むまで大切に愛情をこめて育てる人もいますし、生まれて一瞬でも親子の絆を感じたいという人もいます（中込さと子先生の修士論文から）。どんな思いであっても、後で人知れず悩んだり後悔したりすることがないよう、心を支えるのも医師と看護師、それに遺伝カウンセラーの務めでしょう。

もし中絶せざるを得ないときも、続けてケアするべきです。そうでないと見捨てられたと思われるでしょう。それは次の子にも影響します。この辛さがまたあると思うと子どもをつくれないとか、とにかく検査しないと不安でたまらない、検査しても不安はぬぐえないなど、辛い気持にさいなまれている人はかなりいます。アメリカの遺伝カウンセラーが書いた本には、中絶した子がお墓に入るのも援助していると書いてあり、アメリカ人がビジネスライクとはかぎらないことに感動しました。

産婦人科医が出生前診断を教えてくれなかったからダウン症の子が生まれたとか、羊水検査を間違って知らされたとかいう理由で訴訟がされたことがあります。その状況を関係者に詳しく聞くと、生まれた後で小児科医や看護師が冷たかったので、産まなければよかったと思ったのが主な動機でした。それなのに訴えられたのは産婦人科医でした。それって理不尽ではないでしょうか。

産めない、産まないというのは、障がいのせいよりも、「妊婦さんの気持ちへの共感のなさと周りの冷たい態度が大きい」というのが、私が強調したいことです。

産んでよかったと言う人には、医師や看護師からの温かいケアと支援、周りからのやさしい配慮がありました。ある重度の脳障害をもって生まれた子のお母さんは、「苦労はあるけれど苦はない」と言っていました。ほかのお母さんは、上の子にダウン症があり、「私を手伝ってくれて、本当に助かります」と、うれしそうに言っておられました。

多くの妊婦さんを看てこられた中込さと子信州大学教授は、つぎのように語っておられます。

「遺伝カウンセリングに訪れるご夫婦の話を聴くと、最初は『喜び』の気持ちだったのが、すぐに『重荷や不安』がわいてきて、カウンセリングに来られるまでの間に子どもが何か障害や病気をもって生まれたらどうしようという、重荷や不安がどんどん膨らんでいます。

どの妊娠でも『喜び』と『不安』が同時におしよせます。新しい命を授かり、ワクワクする一方で、今の生活を変えること（子どもを育てる、子どもが増える、働き方を変える可能性など）への重圧感をいだき、心は不安定になりやすいのです。妊娠初期の支援として大切なことは、夫婦で子どもを迎えることへの思いを一致させることではないかとおもいます。親やきょうだい、友だちとなど、近しい人の誰もが、妊娠したばかりの夫婦を祝福し、生涯支えていこうという約束ができるように助産師は尽力してほしいとおもいます」。

例　セイコさんのお母さんは母体血清マーカー検査が広がっていたとき、直感的に、これは命の選別だ、嫌なことだと思いました。セイコさんは当時中学3年生で、お母さんは養護学校（今の特別支援学校）

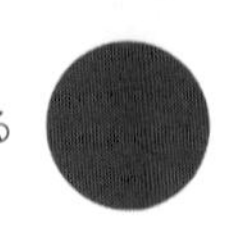

に行くものとおもっていました。ところがセイコさんは突然、どうしても普通高校に行くと言ったので、お母さんは「なぜ普通高校なの？」と聞きました。すると「赤ちゃんを殺さないため」と答えました。お母さんは信じられず「友だちをたくさんつくりたいから普通高校に行きたいのよね」と聞くと、「違う！　赤ちゃんを殺さないため」と言いました。お母さんは、ダウン症のあるセイコさんが、元気に過ごす姿を高校でみんなに見せたいと考えていることがよくわかりました。

例　「安心のために母体血清マーカー検査を受けたんです」とある女性が語ってくれました。「それからはベルトコンベヤーに乗ったみたいで。気がついたらおなかの赤ちゃんは消えていました」と苦しそうに語っておられました。

遺伝医学は自然科学、遺伝医療には科学を超えた人間関係の複雑さがある

遺伝医学は自然科学の一種ですから真実を求めて研究がなされます。真実には簡単に手が届かないので、結果は確率で出されます。結論がでなくて仮説のままというものも少なくありません。研究成果には、さまざまな方向から論理的な批判が出され、その批判に耐えたものだけが残っていきます。アインシュタインは「真実とは、経験という試練に耐えるもののことである」と言っています。最近エビデンスという言葉をよく耳にしますが、エビデンスがあるから真実とは言えないし、エビデンスがないから真実ではないとも言えません。エビデンスがないから行動できないというのは日本でよく聞く常套句のようです（たとえばサリドマイド被害）。

また、科学と科学技術は同じでなく、科学技術にたけていても、科学の基本を知らない専門家もいます。

科学に疎いと、人は論文の内容を信じがちです。トンデモ理論でも信じてしまいます。科学の基本を知らないと、イメージだけで判断してしまいます。それが単なるイメージとわかっていればいいのですが、見抜いていないとニセ科学がはびこることになってしまいます。

逆に、自分の専門には厳しいのに、ほかの専門分野はイメージだけで解釈してしまう専門家もいます。ほかの分野も学問として敬意をはらうべきです。敬意をはらえば、専門用語の定義を無視することも誤用することもなくなるでしょう。

人間は本質的に科学的思考が苦手なようです。そのため、しかるべき教育が必要になります。たとえば、科学的に地動説は確立されていますが、自然を見れば天動説を信じたくなるでしょう。だからこそ教育が必要なのです。『日本はなぜ敗れるのか　敗因21カ条』（山本七平）という名著がありますが、この本には一人の科学技術者によって書かれた日記が引用されていて、第二次大戦のときに基礎科学の研究をしなかったり、指導者に生物学的常識がなかったりといった「科学の教養」が欠けていたために危機管理ができず悲惨な状況に陥ったことが書かれています。これは今もあまり違わないかもしれません。ウイルスのパンデミックでも科学への無理解が国内外で深刻な問題を引き起こしていますから。

コラム　ダウン症候群の原因を見つけたフランスの教授は

ダウン症候群の原因、染色体21番トリソミーは1958年、ジェローム・ルジュンヌという人類遺伝学の教授によって発見されました。私はドイツの人類遺伝研究所で働いていた1973年に、ルジュンヌ教授をパリの研究所に訪ねました。ルジュンヌ教授は穏やかでやさしく、端正な紳士で、人間

やほかの動物の染色体標本を見せて、今の研究について語られました。私はフランス語ができないので、パリに留学していたフランス文学研究者の友人が付き添って通訳してくれたのですが、専門用語ばかりで通訳はお手上げ、ルジェンヌ教授は、それではと英語とドイツ語を混ぜて説明してくださいました。その貴重なひとときは今でも忘れられません。

ルジュンヌ教授は、発見したダウン症の染色体核型（かくがた）が出生前診断につかわれたことに猛烈に反対し、研究者や医師たちから受けた嵐のような非難にも負けず、胎児を堕ろすために研究したのではない、医師として、染色体異常のある子どもたちのより良い人生のために医療はあるのだと、最後まで闘い続けた方です。私もルジュンヌ教授の強い意志を受け継いでいこうとおもっています。

コラム　イギリスの情報から

イギリスではサッチャー政権のときに、福祉の切り詰めがなされました。母体血清マーカー検査も奨励されました。プラダー・ウィリー症候群の娘さんをもつイギリス人のお母さんは、「だから私たちは嫌いなの」と言っていました。母体血清マーカー検査は任意で妊婦の自己決定だからと言われ、イギリスの親の会は他人事とおもっていましたが、気づいたらダウン症の子が生まれなくなっていて、自己決定は詭弁だったと気づき、ダウン症のある子を守る活動を始めました。ダウン症の人たちの生活するようすを写真集にして広め、地域の保健師研修を意欲的に行いました。イギリス親の会の拠点も世界ダウン症支援組織の本拠もダウン医師の記念館におかれています。ダウン症研究所が設立され、診断されたらすぐに正しい情報提供と支援ができるための研究や、より良い人生のための支援法が研究されています。また、社会でのインクルージョンを進めるための研究と活動もしています。新型コロナウイルス感染症ではダウン症の人たちの感染と症状、それにワクチン接種状況について調査しています。

あとがき

はじめて私がダウン症のある人たちと出会ったのは大学医学部時代、都内の由緒ある入所施設の見学をしたときです。そこにいたダウン症の人たちのあまりにもひどい姿に衝撃を受けました。卒業後ドイツに渡って、ダウン症のある子どもたちを診たのは1972年、ドイツでミュンスター大学人類遺伝研究所の助手をしているときで、大学小児病院の外来や障がい者コロニーでした。可愛い子どもたちでしたが目が輝いておらず、言葉が出ないのに気づきました。まだダウン症の子は学べないと思われていた時代です。ドイツは、今では日本より対応が進んでいるところもあります。

ここに書かれたことは、親ごさんにとって心地よい言葉ばかりではないでしょう。でも甘くやさしい言葉だけがためになるわけではないのです。甘いものを食べすぎると虫歯になりますね。虫歯は万病のもと。それと同じで、甘い言葉だけを受け入れていると、考える力が奪われ、心の虫歯にもなりかねません。耳障りな言葉は、避けたりせずに、「どうして?」と聞いてください。

批判はよくないと日本では思われていますが、私は中学校で、「中学生は批判力が育つとき」と教わりました。批判は、一方的に責めたてる非難とは違います。批判されたほうは、ほかの人の考えを知ることで、より良い道を見つけられます。批判が誤解であれば、誤解されない説明のしかたを考えられます。批判は前進するためのきっかけでもあります。相互コミュニケーション力が育つには、批判や議論もまた栄養になるのです。劇作家の平田オリザ氏は「イヤなやつだけど正論を吐く人が必要」と言っておられます。

親ごさんや支援者の方から、「言われたときはわからなかった。けれども何年かたって意味がわかった」と言われることもあります。時間が理解を進めることがあり、これを「日薬（ひぐすり）」とも言います。

人間には、一人ではできないことがあります。一人だけで世の中を改革するのは難しくても、仲間を集めれば可能性が広がります。家族会が大事なのはそのためです。

必要なことや理不尽なことには声を上げ続けていかなければなりません。行政などに要請していくには、個人では難しいでしょう。住民のばらばらな要請にこたえるわけにはいかないからです。また、思いをぶつけるだけでは相手にされないでしょう。どうしてほしいかを、関連情報を調べて、納得してもらえる方法と伝え方を、みんなで考え話しあうことが成功の秘訣です。さらに関係ある法律を知っておくことも大事です。法律を知れば、政治・行政・福祉・教育などのスタッフと対等に議論できます。とくに「障害を理由とする差別解消法（障害者差別解消法）」は国民全員が知るべき法律なので、必ず読んでください。

ある市で、親ごさん達がレスパイトの場を要請するのに、親が大変だからと書くと、親は誰だって大変でしょうと受け入れられませんでした。それに市の手をつなぐ育成会の会長が助言して、「子どもの自立に必要だから」と書いたところ受理されました。法律にそった言葉だったことも大きかったのでしょう。

「世界は　あなたのためにはない」と言ったのは有名な花森安治、暮らしの手帖初代編集長ですが、黙っていてほかの人がわかってくれることはないのです。

行政は、「持続的に声を届けなければ、それほど必要はないだろうと切り捨てられる」と、昔、国立病院にいたときに事務官の方から教わりました。これはどこの国でも同じでしょう。「とにかく言い続けることが必要」と、ニュージーランドで親の会を率いているお母さんからも聞いています。

世界ダウン症会議に行くと、各国の団体が前進のためにしている工夫について話しあっています。日本でそれができないはずはありません。

日本は民主主義の国です。民主主義は、一人ひとりを大事にして、目標に向けて客観的に考え、冷静に話しあうことが基本です。でも民主主義は面倒なものです。そのため「メンバーが大人であること」が条件だと中学のときに習いました。内輪揉めが起こりそうなときは、目的と目標という原点（本質）にいつも戻ることです。それも民主主義を育てることになります。

この本をつくるにあたって、ご協力と情報をいただいた多くの方々に心から感謝いたします。ダウン症のある方々、ご家族、友人、知人、同僚、恩師、そしてダウン症のある人たちが同じ人間であることをしっかり教えてくださった河内園子さん（静岡市手をつなぐ育成会元会長）と河内純さん（静岡ダウン症児の将来を考える会初代会長）ご夫妻とお嬢さんの河内夏木さん、そして、ダウン症神話の問題を本にするよう勧めてくださり、貴重なご意見をいただいた遠見書房の編集担当の駒形大介さん、社長の山内俊介さん。本当にありがとうございました。

基本的な考えに長谷川が賛同した本をあげてみます。

あそぼうあそぼうおかあさん（浜田桂子著）福音館書店、2002
あそぼうあそぼうおとうさん（浜田桂子著）福音館書店、1997
あなたが守る　あなたの心・あなたのからだ（森田ゆり著、平野恵理子絵）童話館出版、1997
アンガーマネジメント11の方法―怒りを上手に解消しよう（ロナルド・T・ポッターエフロン、パトリシア・S・ポッターエフロン著、藤野京子監訳）金剛出版、2016
いいこってどんなこ？（ジーン・モデシット文、ロビン・スポワート絵、もきかずこ訳）冨山房、1994
いでんサポート・グループ（ジョーン・O・ウェイス、ジェイン・S・マクタ著、石井ふみ代、坂本悦子訳、長谷川知子監訳）メディカ出版、1999（絶版）
医療の限界（小松秀樹著）新潮社、2007
インクルーシブ教育をすすめる教師のために（デビッド・ミッチェル編著、落合俊郎監訳）アドバンテージサーバー、2014
お母さん！　学校では防犯もSEXも避妊も教えてくれませんよ！（のじまなみ著）辰巳出版、2018
男の子の　本当に響く　叱り方ほめ方（小崎恭弘著）すばる舎、2014
大人になるっておもしろい？（清水真砂子著）岩波ジュニア新書、2015
子どものこころを理解する学校支援のための多視点マップ（木之下隆夫著）遠見書房、2013
完全な人間を目指さなくてもよい理由（マイケル・J・サンデル著、林芳紀・伊吹友英訳）ナカニシヤ出版、2010
心が晴れるノート―うつと不安の認知療法自習帳（大野裕著）創元社、2003
子どもの心のコーチング（菅原裕子著）PHP文庫、2007
子どものためのマインドフルネス（キラ・ウィリー、アンニ・ベッツ著、大前泰彦訳）創元社、2018
子どものねがい・子どものなやみ（白石正久著）かもがわ出版、1998（改訂増補版、クリエイツかもがわ、2013）

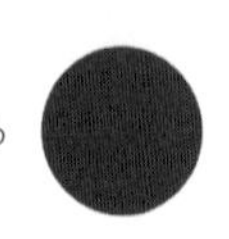

子どもを叱りつける親は失格ですか（アベナオミ著、小川大介監修）ＫＡＤＯＫＡＷＡ、２０２０
子どもを守る言葉『同意』って何？ YES, NO は自分が決める！（レイチェル・ブライアン著、中井はるの訳）集英社、２０２０
自尊心の発達と認知行動療法（A・W・ポープ、S・M・ミッキヘイル、W・E・クレイグヘッド著、高山巖監訳）岩崎学術出版社、１９９２
時代が締め出すこころ（青木省三著）日本評論社、２０１１
「出生前診断」を迷うあなたへ（大野明子著）講談社＋α文庫、２０１３
障害者差別の社会学（要田洋江著）岩波書店、１９９９
障害者の経済学　新版（中島隆信著）東洋経済新報社、２０１８
ダウン症児の赤ちゃん体操（藤田弘子著）メディカ出版、２０００
ダウン症児の赤ちゃん体操ＤＶＤ（藤田弘子制作）ビデオ工房AMAME
ダウン症のある成人に役立つメンタルヘルス・ハンドブック（デニス・マクガイア、ブライアン・チコイン著、清澤紀子訳、長谷川知子監訳）遠見書房、２０１３（絶版）
「つながり」の進化生物学（岡ノ谷一夫著）朝日出版社、２０１３
哲学する赤ちゃん（アリソン・ゴプニック著、青木玲訳）亜紀書房、２０１０
なんでもやってみようと生きてきたダウン症がある僕が伝えたいこと（南正一郎著）遠見書房、２０１９
日本はなぜ敗れるのか　敗因21カ条（山本七平著）角川ｏｎｅテーマ21、２００４
はやくはやくっていわないで（益田ミリ著、平澤一平絵）ミシマ社、２０１０
ビジュアルで見る遺伝子・ＤＮＡのすべて（キャット・アーニー著、桐谷知未訳、長谷川知子監訳）原書房、２０１８
ひといちばい敏感な子（エレイン・N・アーロン著、明橋大二訳）一万年堂出版、２０１５
非認知能力を育てる遊びのレシピ（大豆生田啓友、大豆生田千夏著）講談社、２０１９
ぷくちゃんのすてきなぱんつ（ひろかわさえこ作・絵）アリス館、２００１
不合理、誰もがまぬがれない思考の罠１００（スチュアート・サザーランド著、伊藤和子、杉浦茂樹訳）ＣＣＣメディア

ハウス、2013
僕のこころを病名で呼ばないで（青木省三著）日本評論社、2016
ぼくはイエローでホワイトで、ちょっとブルー（ブレイディみかこ著）新潮社、2019
窓をひろげて考えよう（下村健一著）かもがわ出版、2017
メンタルが強い親がやめた13の習慣（エイミー・モーリン著、長澤あかね訳）講談社、2018
養護学校の行方（藤田弘子、松島恭子、堀智晴、要田洋江著）ミネルヴァ書房、1990（絶版）
よのなかフールブック（高濱正伸著）日本図書センター、2019
わたしのからだよ！（ロリー・フリーマン著、キャロル・ディーチ絵、田上時子訳）NPO法人女性と子供のエンパワメント関西、2017（復刊）
Herbal Contraindications and Drug Interactions. 4th ed.（Francis J. Brinker, N.D.）Eclectic Medical Publications, 2010
MI：個性を生かす多重知能の理論（ハワード・ガードナー著、松村暢隆訳）新曜社、2001
The Principal—校長のリーダーシップとは（マイケル・フラン著、塩崎勉訳）東洋館出版社、2016

著者紹介

長谷川知子（はせがわ ともこ）

臨床遺伝専門医。1970年慶応義塾大学医学部卒業。ドイツミュンスター大学人類遺伝学研究所で助手として勤め，1974年帰国し，国立国際医療センター（当時）遺伝疫学研究室員，静岡県立こども病院遺伝染色体科医長を経て，現在は心身障害児総合医療療育センターと静岡済生会総合病院で遺伝外来を担当。さまざまな大学で臨床遺伝を教え，多くの親の会と関わってきました。今も，ご本人と親ごさんの個別相談にのっています。ひといちばい敏感な人間（HSP）。加えてときどき頭に羽が生えるADHD（エース・ダイアモンド族）のもち主でもあります。慶應義塾には18年在学し，福沢精神は耳タコになっていましたが，新型コロナでのステイホームで改めて著書を読み，現在もまったく古びていない思想に驚きました。それどころか，あの時代，すでに批判精神と議論の大切さを認識していたというのに，わが国では未だに程遠い状況です。とくに広く知ってほしい名言は，「独立自尊（自分で考えろという意味らしい）」「ペンには剣に勝る力あり」「権理の平等」です。

ダウン症神話から自由になれば子育てをもっと楽しめる

2021年 8 月20日　第1刷
2021年10月15日　第2刷

著　者　長谷川知子
発行人　山内俊介
発行所　遠見書房

〒181-0002　東京都三鷹市牟礼 6-24-12
三鷹ナショナルコート 004
TEL 0422-26-6711　FAX 050-3488-3894
tomi@tomishobo.com　https://tomishobo.com
遠見書房の書店　https://tomishobo.stores.jp/

印刷・製本　モリモト印刷

ISBN978-4-86616-125-9　C0011